André François-Poncet

Botschafter in Rom

1938-1940

Bei Florian Kupferberg

Berlin · Mainz

Einzige autorisierte deutsche Ausgabe

Titel der Originalausgabe: Au Palais Farnèse. Souvenirs d'une Ambassade à Rome

[Arthème Fayard, Paris]

Copyright 1962 by Florian Kupferberg Verlag, Mainz

Alle deutschsprachlichen Rechte vorbehalten · Printed in Germany

Satz und Druck: Poeschel & Schulz-Schomburgk, Eschwege

Bindearbeiten: Ladstetter, Verlagsbuchbinderei GmbH, Hamburg

Schutzumschlag: Leopold Nettelhorst

Botschafter in Rom

Man hat sich gelegentlich gewundert, daß ich Ende Oktober 1938, zu einer Zeit, da ich eine gewisse Autorität in der deutschen Reichshauptstadt erlangt und sogar einen gewissen Einfluß auf die Person Adolf Hitlers gewonnen hatte, von meinem Posten in Deutschland abberufen und zum Botschafter in Italien ernannt wurde. Zu dieser Versetzung bin ich nicht gezwungen worden. Ich habe sie gewünscht, ich selbst habe sie gesucht. In der Tat war ich müde des Dritten Reiches, der halluzinierenden Atmosphäre, die mich umgab, der Angst, die sie ausstrahlte, der merkwürdigen und schlecht aufgeklärten Dramen, die dort abrollten, des Stiefelgeklappers und des Dröhnens der großen Trommeln, die den unabwendbaren Marsch begleiteten. Ich sehnte mich danach, eine weniger stickige Luft zu atmen, mich unter einem klareren Himmel zu bewegen, unter weniger unmenschlichen Menschen zu leben.

Vor allem aber hatte ich sofort nach dem Abkommen von München aus absolut sicherer Quelle erfahren, daß Adolf Hitler, weit davon entfernt, sich zu dem erlangten Erfolg zu gratulieren, diesem Erfolg, der die Tschechoslowakei zerstückelt und ihm das Sudetenland ausgeliefert hatte, sich als Opfer der List seiner Partner ansah, daß er ihnen vorwarf, ihn daran gehindert zu haben, den tschechischen Staat in seiner Gesamtheit in seine Gewalt zu bringen und in Prag, dem Ziel all seiner Sehnsucht, einzuziehen. Ich wußte, daß er nur noch überlegte, wie er es anstellen könne, um so bald als möglich seine Verpflichtungen und seine Unterschrift zu verleugnen. Daß daraus ein allgemeiner Krieg entstehen mußte, war für mich nicht mehr zweifelhaft.

Schon während der Münchner Zusammenkunft war ich frappiert von dem Einfluß, den Mussolini auf seinen Gefährten auszuüben schien. Das Treffen selbst war das Werk des Duce. Vielleicht hat dieser, als er es einberief, einer britischen Anregung stattgegeben. Doch seine Vermittlung und sein zähes Einwirken auf den Führer, die mit meinen eigenen Bemühungen zusammentrafen, hatten Hitler bewogen, den schon gegebenen Mobilisierungsbefehl zurückzuziehen und eine Verhandlung einzuleiten.

Das Schauspiel, das mir die beiden Männer boten, während die Konferenz vor sich ging, hatte irgendwie vor meinen Augen ihre gegenseitigen Beziehungen ›materialisiert‹. Mussolini saß in seinen Sessel versun-

ken. Hitler blieb neben ihm stehen. Dennoch war es
der Italiener, der den Deutschen beherrschte. Hitler
ließ den Duce nicht aus den Augen. Seine Blicke haf-
teten an ihm mit bewundernder Hochachtung. Er
sprach erst dann, wenn er auf dem beweglichen Gesicht seines Verbündeten die Zeichen seiner Gedanken
abgelesen hatte. Je nachdem, ob der Duce den Kopf
von oben nach unten oder von links nach rechts bewegte, nahm er an oder lehnte ab. Ich hatte daraus
geschlossen, daß Mussolini tatsächlich der einzige sei,
der in der Lage wäre, Hitler auf dem abschüssigen
Weg, der zum Kriege führen mußte, zurückzuhalten,
und daß demzufolge der Schlüssel des Friedens nicht
mehr in Berlin, sondern in Rom zu finden sei.

Die französische Regierung hatte nach der Münchner Konferenz, bestimmt von dem Wunsche, die
Aufrichtigkeit ihres Strebens nach Entspannung und
Versöhnung zu zeigen, beschlossen, einen neuen Botschafter in den Palazzo Farnese zu schicken. Wir hatten dort seit zwei Jahren nur noch einen *Chargé
d'Affaires,* einen im übrigen sehr tüchtigen und hervorragenden Diplomaten, M. Blondel. Wir hatten
den Nachfolger des Grafen Charles de Chambrun
nicht beim König von Italien und ›Kaiser von Äthiopien‹ akkreditieren wollen. Das wäre einer *de facto-*
Anerkennung der Eroberung Abessiniens gleichgekommen. Und dazu waren wir nicht bereit.

Nach der alten Regel der Scholastika ›schafft das Wort
die Sache‹, *verbum dat esse rei.* Deshalb weigerten

9

wir uns mit ebensoviel Hartnäckigkeit, dieses Wort auszusprechen, wie die Italiener Beharrlichkeit darin zeigten, von uns zu verlangen, daß es über unsere Lippen komme.

Während dieser Zeit war der Botschafterposten in Rom vakant. Wenn die französische Regierung ihn nun neu besetzte, änderte sie damit ihre vorangegangene Haltung. Sie gab freiwillig nach. Sie reichte die Hand. Sie gab auf diese Weise ein offenkundiges Bekenntnis, Schluß zu machen mit dem gegenseitigen ›Bösesein‹, das die Beziehungen der beiden Länder charakterisierte. Sie durfte daher wirklich annehmen, daß man ihr dankbar wäre und ihrem Vertreter einen guten Empfang bereitete. Was mich anging, so schmeichelte ich mir nicht, die Freundschaft, die den Faschismus an den Nationalsozialismus band, zu schwächen, und noch weniger etwa die ›Achse‹, die Rom und Berlin vereinte, zu zerbrechen. Indessen traute ich den Italienern etwas mehr Klugheit zu als den Deutschen. Ich sagte mir, daß Mussolini, wenn man ihn nur rechtzeitig warnte und auf die Gefahren aufmerksam machte, in seinem Wunsch, die Vorteile des von ihm in München geschaffenen Werkes nicht wieder zu verlieren und Europa wirklich zu befrieden, vielleicht ein zweites Mal den Führer von seinen kriegerischen Plänen zurückhalten werde.

Solcher Art waren meine Hoffnungen, als ich Anfang November 1938 in Rom ankam. Ganz gegen die Regel hatte ich nur einen Zeitraum von einer Woche zwischen dem Aufenthalt in den beiden Städten, Berlin und Rom, verstreichen lassen.

Es sollte nicht lange dauern, bis ich die Nichtigkeit der Überlegungen, welche mich dorthin geführt hatten, erkennen mußte.

★

Die Reise ging ohne Zwischenfall vor sich. In dem Augenblick indes, als der Zug nur noch einige hundert Meter vom Bahnhof in Rom entfernt war, gab es einen Kurzschluß auf der elektrifizierten Strecke. Ein ungeheuerer Lichtbogen zuckte empor, eine weiße Flamme stieg auf, und der Zug blieb stehen. Ich dachte: »Die Pferde scheuen an den Toren der Stadt – ein schlechtes Vorzeichen! Ein Römer der Antike würde umkehren.« Und ich hatte die Vorahnung, daß meine Anstrengungen zum Scheitern verurteilt seien.

Wir mußten lange warten, bis die elektrische Leitung wiederhergestellt war. Ich sah in der Ferne den Bahnsteig mit seinen Blumen, den roten Teppich, die Federhelme der Carabinieri und die Menschengruppen, die hin und her gingen. Ich erriet ihre Ungeduld. Meine eigene war nicht geringer. Aber was sollte ich tun? Konnte ich etwa auf den Schotter des Unterbaus springen und armselig zu Fuß, den Schienen entlang, zum Bahnhof gehen?

Als sich endlich, nach etwa einer Stunde, der Zug wieder in Bewegung setzte und nun sein Ziel erreichte, traf ich neben den offiziellen Beamten eine große Menge

begeisterter Mitglieder der französischen Kolonie an,
darunter sehr viele Priester, sehr viele Nonnen, Kon-
gregationisten aller Orden, die zum Bahnhof gekommen waren, um den Vertreter ihres Landes zu begrü-
ßen. Sie legten Wert darauf, an mir vorüberzugehen
und mir einer nach dem andern die Hand zu drücken.
Ich begriff, daß diese besondere Herzlichkeit, die
noch vom Leuchten ihrer Augen begleitet war, sagen
sollte: »Wir rechnen fest damit, daß Sie unser liebes
Vaterland mit diesem Italien, in dem wir leben und
das wir lieben, aussöhnen, auf daß der Friede erhalten bleibe.«
Auf dem Bahnhofsvorplatz waren wohl an die drei-
hundert Menschen versammelt. Sie klatschten in die
Hände und winkten mit ihren Taschentüchern.
Am nächsten Morgen berichtete die Presse in vier
Zeilen irgendwo in einer Ecke davon, daß ich meinen
Posten angetreten hätte. Mussolini hatte Anweisung
gegeben, daß über meine Ankunft in Rom wie über
ein Ereignis ohne Bedeutung zu berichten sei. Dagegen ließen es sich aber einige Blätter angelegen sein,
mich darauf aufmerksam zu machen, daß ich, wenn
ich mir etwa einbilden sollte, im faschistischen Italien
an die Tradition eines Camille Barrère anzuknüpfen,
besser daran täte, meine Koffer gar nicht erst auszu-
packen, sondern sofort nach Hause zu fahren.
Das war indes nur die erste kalte Dusche, die mir
bestimmt war.
Wenn man die Diplomatie und die Diplomaten beur-

teilt, dann sollte man niemals vergessen, daß es zweierlei Arten von Posten gibt, die ganz verschieden voneinander sind. Die einen liegen in befreundetem Land. Dort ist alles leicht. Ein jeder gibt sich Mühe, dem Botschafter und seinen Mitarbeitern ihre Aufgabe zu erleichtern. Das Leben ist angenehm, und man kann ohne große Anstrengungen Erfolge erzielen. Die andern liegen in feindseligem – um nicht zu sagen, feindlichem – Land. Dort verbündet sich alles, um dem Botschafter die Ausübung seiner Aufgabe schwierig, bitter und undankbar zu machen. Er sieht und fühlt rings um sich nur Geheimniskrämerei und Übelwollen. Er wird bespitzelt und überwacht. Man isoliert ihn. Man verbirgt ihm die Wahrheit. Pressekampagnen werden gegen ihn entfacht. Auf seine Fragen wird ausweichend geantwortet. Und jeder seiner Tage wird dadurch vergällt.

☆

Am 10. November überreichte ich den Gepflogenheiten entsprechend dem Grafen Galeazzo Ciano, dem Außenminister Italiens, die Abschrift meines Beglaubigungsschreibens. Ich hatte Ciano in München kennengelernt und trotz dem ziemlich hochmütigen Wesen und der Selbstsicherheit, die er zur Schau trug, Sympathie empfunden für diesen großen, kräftigen und gesunden Jungen, dem es nicht gelang, einen Grundton von Freundlichkeit und Jovialität ganz zu verbergen.

Die Unterredung war höflich. Ich erklärte dem jungen Minister – zugleich Schwiegersohn des Duce –, daß ich durchaus unterrichtet sei über die Festigkeit der Beziehungen zwischen Hitler-Deutschland und dem faschistischen Italien und daß ich keineswegs die lächerliche Absicht hege, zu versuchen, die Achse Rom–Berlin aus ihrem Lager zu heben. Mir solle es genügen, daran mitzuarbeiten, den Frieden des Kontinents zu erhalten.

Italien bemühe sich zu dieser Stunde, sich Großbritannien anzunähern. Obwohl Großbritannien den Völkerbund und den ganzen Mechanismus der Sanktionen gegen Italien in Bewegung gesetzt habe, um das Unternehmen in Äthiopien zu vereiteln, spreche man nun von einer baldigen Reise des englischen Premierministers Neville Chamberlain nach Rom. Frankreich seinerseits sei mit Italien befreundet. Italien sei also sehr gut placiert, um als Verbindung zwischen der ›Achse‹ und der französisch-englischen Entente zu dienen und den Frieden in Europa zu festigen, den Frieden, zu dessen Rettung die Initiative Mussolinis in so weitgehendem Maße beigetragen habe.

Ciano antwortete, daß seine Auffassung nicht von der meinigen abweiche, doch zwinge ihn die Freimütigkeit dazu, mich daran zu erinnern, daß zwischen Frankreich und Italien als Hindernis der spanische Bürgerkrieg stehe. Mussolini habe das kürzlich in Genua in einer aufsehenerregenden Rede klargestellt. Unsere beiden Länder ständen nicht auf der gleichen Seite der

Barrikade. Ohne mit der Wimper zu zucken und so, als ob ihrerseits die italienische Regierung im spanischen Bürgerkrieg eine vorbildliche Neutralität wahre, versicherte mir Graf Ciano, wenn Frankreich darauf verzichte, den Revolutionären weiterhin Hilfe zu leisten, werde die Atmosphäre der Beziehungen mit Italien sich bessern und die gegenseitige Freundschaft wiederhergestellt werden. Denn, so sagte er mit seinen eigenen Worten: »Abgesehen von dieser spanischen Angelegenheit gibt es zwischen uns nur ein paar lästige Mücken!«

Das war indes nicht ganz der Eindruck, den ich gewann, wenn ich die Zeitungen der Halbinsel las. Meine Ankunft in Rom traf zusammen mit einer Pressekampagne, in der die Blätter in einem gleichermaßen verächtlichen wie bitteren Ton über den inneren Verfall Frankreichs berichteten, über die Unbeständigkeit seiner Politik, über seine Kriegslust. Laut verkündete man, daß eine Verständigung mit Frankreich auf der Basis des im Jahre 1935 von Laval und Mussolini unterzeichneten Abkommens auf keinen Fall möglich sei. Denn seither habe sich alles geändert, die Situation sei nicht mehr die gleiche, Italien habe Forderungen anzumelden, vor allem hinsichtlich Tunesiens, wenn nicht gar Korsikas. Eine solche Pressekampagne, in der der widerliche Virgilio Gayda wie gewöhnlich die Rolle des ersten Geigers spielte, gehorchte sicherlich einem Befehl, der von oben gekommen war. Ich war sehr betroffen. Ich hatte auch den

Quai d'Orsay von dem unbehaglichen Gefühl, das ich hatte, unterrichtet.

☆

Gleichzeitig mit der Ankündigung meines Besuches bei Ciano hatte ich bei Mussolini um eine Audienz gebeten. Er ließ mich aber fast drei Wochen warten. Das war nicht nur ein für mich peinliches Verhalten, sondern auch eine gewollte Unkorrektheit. Ich tat so, als bemerke ich es nicht oder sei dafür unempfindlich.

Gemäß den Vorschriften des Protokolls mußte ich zunächst einen Besuch bei dem Regierungschef machen, ehe ich vom König empfangen werden konnte. Doch der Souverän wollte vielleicht nicht den Anschein erwecken, als nähme er teil an diesem Mangel an Takt seitens des Duce und ließ es zu, daß diese Regel nicht befolgt wurde. Er bestellte mich kurzfristig zu sich. Das traditionelle Zeremoniell des Empfangs der Botschafter war am italienischen Hof voll erhalten. Ich begab mich, begleitet von meinen Mitarbeitern, zum Quirinalspalast in einer ganzen Suite von prächtigen Gala-Karossen, bespannt mit wundervollen Pferden, rings umgeben von Lakaien in Livree, denen, zum großen Erstaunen der Zuschauer, der *battistrada* vorausging, der *Piqueur* in großer Uniform.

Ich übergab König Viktor Emanuel, Kaiser von Äthiopien, die Schreiben, die mich bei ihm akkreditierten. Er nahm sie freundlich in Empfang. Auf die

Versicherungen guten Willens, die ich zum Ausdruck brachte, antwortete er mit analogen Worten, im übrigen aber trachtete er sichtlich danach, diesen Worten keinen persönlichen Charakter und keinen besonderen Akzent zu geben. Er schien sich nicht zu erinnern, daß ich im Jahre 1928 an seiner Seite als offizieller Vertreter der Regierung, als der Leiter einer großen Delegation von begeisterten Franzosen, an der Einweihung des Denkmals für Petrarca in Arezzo teilgenommen hatte.

Endlich, am 29. November, rief Mussolini mich in den Palazzo Venezia. Ich fand, daß er ein wenig schwerer und älter geworden war im Vergleich zu dem Manne, dem ich sieben Jahre früher zum ersten Male in diesem selben Zimmer begegnet war und dessen rasche und geistreiche Unterhaltung ich damals zu schätzen gewußt hatte. Doch war er immer noch lebhaft und schnell, so wie er mir während des Münchner Zusammentreffens erschienen war; er hatte dasselbe ausdrucksvolle und lebendige Gesicht, in dem von Zeit zu Zeit die Augen blitzten. Er bot mir einen Platz an in der Nähe des Fensters, gegenüber dem Tisch, an dem er selbst saß, während Ciano gemäß der faschistischen Sitte während der ganzen Dauer der Audienz neben seinem Herrn und Meister stehen blieb. Zu mir war der Duce weder kalt noch warm, er war einfach, natürlich und vollendet höflich. Die Gefühle, die ihn meiner Person und meinem Lande gegenüber beseelten, waren sicherlich feindselig. Doch

muß ich zugeben, daß er sie sehr gut verbarg. Ich entwickelte vor ihm ungefähr die gleichen Überlegungen wie vor Ciano. Er hörte sie an und kommentierte
sie bedächtig, mit ruhiger Stimme, in einem gekonnten Französisch, das mit seinem meridionalen Akzent
gewürzt war.

»Die Beziehungen unserer beiden Länder«, sagte er,
»sind belastet von der spanischen Frage. Zunächst
muß diese Frage geregelt werden. Danach werden wir
weiter sehen.«

Mussolini schien besonders an der innerfranzösischen
Lage interessiert zu sein. Ein Generalstreik drohe bei
uns. Man frage sich, ob und wie das Kabinett Daladier
damit fertig werden könne. Mussolini sagte: »Die Sozialisten und die Kommunisten, die kenne ich. Das ist
eine Schweinsblase! Nichts dahinter.« Und er fügte
hinzu: »Wann werden Sie denn endlich eine stabile
Regierung haben?«

Als ich den Gedanken vorbrachte, der Friede in Europa
müsse als Stützpunkte die vier europäischen Hauptstädte haben, unterbrach er mich:

»Ich habe schon vor geraumer Zeit eine Entente der
vier Westmächte vorgeschlagen. Da hat man sich über
mich lustig gemacht; ich wolle, so hat man behauptet,
den ›Metzgerklub‹ gründen. Polen ist im übrigen eine
Großmacht. Man darf es nicht unterschätzen. Was
Rußland angeht, so ist das keine europäische Nation.
Es ist ein asiatisches Land. Wir müssen es aus den Angelegenheiten des Kontinentes heraushalten. Warten

wir einmal ab, was die nächsten Tage für Frankreich ergeben werden.«

»Seien Sie zuversichtlich«, antwortete ich, »seien Sie zuversichtlich und geduldig. Der spanische Krieg geht seinem Ende entgegen. Sobald er zu Ende ist, werden wir eine fruchtbare Unterredung führen.«

Er entgegnete: »Ich weiß, was Geduld bedeutet. Niemand ist fähiger dazu als ich!«

Mit diesen Worten erhob er sich und begleitete mich bis zur Türe seines Arbeitszimmers. In keinem Augenblick der Unterredung hatte er gezeigt, daß er der französischen Regierung auch nur den geringsten Dank dafür wußte, daß sie ihre Weigerung, die Eroberung Äthiopiens anzuerkennen, aufgegeben und die normalen diplomatischen Beziehungen mit Italien wieder hergestellt hatte.

★

Am darauffolgenden Tag, am 30. November, fand im Faschistischen Großrat eine große, der Außenpolitik gewidmete Sitzung statt. Der Außenminister, Graf Ciano, sollte eine Rede halten. Sein Kabinett ließ bei mir anfragen, ob ich die Absicht habe, sie mir anzuhören. Ich antwortete verneinend, eine dunkle Vorahnung sagte mir, es sei besser, wenn ich mich zurückhielte. Doch Anfuso, der Kabinettschef des Ministers, wiederholte seine Anfrage. Er erklärte mir, daß sein Minister nur ein oder zwei Mal im Jahr eine Rede von solcher Wichtigkeit halte und daß er sicher enttäuscht sein werde, wenn der Botschafter Frankreichs nicht zugegen wäre. Unter diesen Umständen glaubte ich mich verpflichtet, nachzugeben, und begab mich also zum Faschistischen Großrat.

Die Rede Cianos enthielt nichts Sensationelles. Er feierte die Politik der ›Achse‹ Rom-Berlin, die friedliche Lösung, welche die europäische Krise, hervorgerufen durch das tschechoslowakische Problem, gefunden hatte, er erwähnte den Schiedsspruch von Wien, der es erlaubt hatte, die Subkarpatengrenze festzulegen, das Inkrafttreten des italienisch-britischen Abkommens und die Wiederherstellung einer engen Freundschaft zwischen Italien und England. Die Rolle Frankreichs in den vorangegangenen Ereignissen überging Ciano vollständig.

Die Versammlung hörte dem Redner in völliger Stille zu. Ciano setzte seine Rede fort und sagte, das Abkommen von München sei nur ein erster Schritt auf dem Wege zur Festigung des Friedens, in dessen Dienst Italien sich weiterhin stellen werde; »ohne deswegen jedoch«, so fügte er hinzu, »auf die Verteidigung seiner Interessen und die natürlichen Ansprüche seines Volkes zu verzichten«.

Kaum hatte er die Worte »*aspirazioni naturali*« ausgesprochen, als etwa fünfzehn Ratsmitglieder aufsprangen und schrien: »*Tunisia! Corsica! Savoia!*«

In meiner Diplomatenloge erhob ich mich, um besser sehen zu können, was im Halbrund des Saales vor sich ging. Die Haltung der Männer, die den Redner unterbrochen hatten, überzeugte mich sofort davon, daß die Worte des Ministers ein verabredetes Signal, die Rollen also vorher verteilt worden waren, und daß eine Mannschaft bereitgehalten worden war, um die entsprechenden Rufe auszustoßen, auf die es übrigens im Rat keinerlei Echo gab. Der Präsident der Versammlung, es war der Vater Cianos, schlug schwach auf den Rand des Tisches, um die Ordnung wiederherzustellen. Mussolini, der auf der Regierungsbank saß, kreuzte die Arme, zog die Augenbrauen hoch und senkte dann den Kopf, als wolle er nichts hören und nichts sehen. Ich zweifelte nicht mehr daran, daß es sich um ein abgekartetes Spiel handelte, und verließ demonstrativ die Loge der Diplomaten. Außerhalb des Gebäudes, an den Toren des Palastes, standen Gruppen, die sicherlich ebenso wenig zufällig da waren; auch sie schrien: »*Tunisia! Corsica! Savoia! Djibouti!*«

★

Als ich in den Palazzo Farnese zurückgekehrt war, ließ ich den Grafen Ciano bitten, mir eine Audienz zu gewähren. Er empfing mich am 3. Dezember abends. Ich sprach ihm die peinliche Überraschung aus, die mir der Vorfall des 30. November verursacht hatte, ich drückte auch mein Erstaunen und mein Bedauern aus, daß der Regierungschef, der in der Sitzung zugegen war, sich nicht von einer Manifestation distanziert hatte, die im voraus angeordnet schien und von ähnlichen Manifestationen auf der Straße wie auch von nicht weniger bedeutsamen Artikeln in der Presse begleitet worden war. Bedeutete das, daß die italienische Regierung diese Kundgebungen billigte? Die französische Regierung hatte einen Beweis ihres guten Willens geliefert und das italienische Kaiserreich Äthiopien anerkannt. Aber sie würde niemals das kleinste Teilchen ihrer Souveränität aufgeben. Auch Frankreich hatte natürliche Ansprüche, und an erster Stelle dieser Ansprüche stand der Wille, die Integrität seines Territoriums, seiner Besitzungen und seiner überseeischen Protektorate zu sichern und zu schützen.

Ciano hörte mich mit gesenkter Stirn und mit finsterer und verschlossener Miene an. Ein Telegramm aus Paris hatte mir, als Antwort auf die Telegramme, in denen ich den Quai d'Orsay über die verdächtige Pressekampagne der offiziösen Zeitungen unterrichtet hatte, einige Tage vor dem Zwischenfall empfohlen, die erste Gelegenheit, die sich bieten würde, zu ergreifen, um daran zu erinnern, daß die französische Regierung das Abkommen Laval-Mussolini von 1935 als die unwandelbare Basis ihrer Beziehungen mit Italien ansehe. Der Augenblick war gekommen, diese Position eindeutig klarzustellen. Ich erklärte also, daß die italienisch-französischen Beziehungen sich harmonisch auf der Basis des Abkommens von 1935 entwickeln müßten. Doch in diesem

Augenblick zog Ciano die Augenbrauen hoch und machte eine Geste des Zweifels.

»Nun«, fragte ich, »sind Sie etwa anderer Meinung? Ist die italienische Regierung nicht dieser Auffassung? Wenn sie nicht dieser Meinung ist, wäre es allerdings besser, wenn sie es freimütig erklärte.«

Ciano antwortete, die italienische Regierung könne doch nicht für Zwischenrufe im Faschistischen Großrat und auch nicht für solche auf der Straße verantwortlich gemacht werden. Es sei nicht Brauch in Italien, daß die Regierung sich von parlamentarischen Zwischenrufern distanziere. Das sei Sache des Kammerpräsidenten, und dieser habe ja nicht verfehlt, die Urheber des Lärms zu tadeln. Diese Rufe seien also nicht der Ausdruck der Regierungspolitik. Einzig und allein zählten die Reden des Duce oder seines Außenministers. Er selbst, Ciano, habe nichts gesagt, was der französischen Regierung mißfallen könnte. Was die Abkommen von 1935 angehe, so werde er darüber dem Duce berichten. Dieses Abkommen sei geschlossen worden in Verbindung mit Voraussetzungen, die sich nicht hätten verwirklichen lassen. Die Ratifizierung der Abkommen sei Bedingungen unterworfen gewesen, die nicht erfüllt worden seien. Es sei also wohl angebracht, sie erneut zu überprüfen und einige Artikel abzuändern.

Ich wies den Minister darauf hin, daß er in seiner Rede mit keinem Wort den französischen Beitrag zu dem Versuch einer Befriedung Europas erwähnt habe.

»Das geschah«, sagte er, »wegen dieser spanischen Angelegenheit.«

»Die Manifestationen vom 30. November«, antwortete ich, »sind nicht dazu angetan, die französische Regierung zu veranlassen, eine andere Haltung einzunehmen. Was kann es schon nützen, die spanische Angelegenheit zu regeln, wenn Sie am darauffolgenden Tag Tunis, am übernächsten Tag Djibuti und Korsika verlangen. Sie haben mir bestätigt, daß es zwischen uns nur ›Mücken‹ gebe. Jetzt bemerke ich aber, daß es Elefanten sind.«

Ciano weigerte sich, dies zuzugeben. Doch unsere Unterredung ging zu Ende, ohne daß ich es fertiggebracht hätte, von ihm ein Wort der Entschuldigung oder auch nur eines einfachen Bedauerns vernommen zu haben . .

☆

Der Zwischenfall im Faschistischen Großrat hatte tiefgehende und sehr nachteilige Folgen. Was wollten seine Urheber? Sie wollten mit einer theatralischen Geste im reinsten faschistischen Stil die Frage der Ratifizierung der Abkommen von 1935 erneut auf die Tagesordnung bringen. Diese Abkommen, dazu bestimmt, endgültig alle italienisch-französischen Konflikte aus dem Wege zu räumen, waren seinerzeit von Mussolini unterzeichnet worden, der, da er sich gerade in das äthiopische Abenteuer stürzen wollte, Hilfe suchte, einen Verbündeten, der ihn gegen die möglichen Reaktionen Englands und des Völkerbundes schützen könnte. Er hatte angenommen, daß Frankreich ihm einen Dienst leisten könne, um so mehr, als Pierre Laval keine große Sympathie für den Völkerbund zeigte und auch nicht für die britische Politik, im Gegenteil für den faschistischen Duce und sein Regime eine Vorliebe zu haben schien. So war der Vertrag vom Januar 1935 zustande gekommen. Gegen die Abgabe eines Aktienpaketes an der Eisenbahn von Addis Abeba und den Verzicht auf gewisse Oasen im äußersten Süden Tunesiens hatte der Duce sich bereit erklärt, stufenweise und in einem Gesamtzeitraum von sechzig Jahren die Hypothek aufzuheben, die Italien in Tunis hatte, und auf das Ausnahmestatut zu verzichten, unter dem die italienischen Bürger dort lebten.

Die faschistische Presse hatte ihm dies übrigens bitter vorgeworfen. Der Vertrag hatte den Beginn seiner Durchführung erlebt; die tunesischen Oasen waren besetzt worden, die Aktien der Eisenbahn waren in italienische Hände übergegangen; aber er war nicht ratifiziert worden. Die Ratifizierung war bis zu einer detaillierten Regelung des Kapitels hinsichtlich Tunesiens verschoben worden, eines Kapitels, von dem nur die große Linie vorgezeichnet worden war.

Nicht etwa auf unser Verlangen, sondern auf Bitten Italiens selbst hin wurde die Diskussion dieser Regelung zunächst verschoben, später aber nicht wieder aufgenommen. In der Zwischenzeit hatten die Ereignisse eine Wendung genommen, die gänzlich verschieden war von dem, was der Duce erwartet hatte. Die Expedition nach Äthiopien war unternommen worden, doch Frankreich hatte nicht die erhoffte Hilfe geleistet. Es hatte seine Sache nicht von der Englands und auch nicht von der des Völkerbundes losgelöst. Es hatte an den Sanktionen teilgenommen, wobei es allerdings Opposition gegen die schwerwiegendste unter ihnen machte: gegen die Nichtlieferung von Petroleum. Mussolini vermeinte nichtsdestoweniger, daß er getäuscht worden sei und daß er unter diesen Umständen seine Konzessionen für Tunesien nicht zu erfüllen brauche. Frankreich bestritt die Grundlage dieser Auffassung. In unserer Sicht war der Vertrag von 1935, da man mit seiner Verwirklichung begonnen hatte, gültig. Die italienische Argumentation war anfechtbar. Wie konnte man zugeben, daß einer der Unterzeichner nach seinem Gefallen von dem Vertrag das aufrecht erhielt, was ihm gefiel, und das andere verwarf?

☆

Nach dem Sturz von Pierre Laval hat zwischen ihm und Mussolini ein Briefwechsel in dieser Angelegenheit stattgefunden. Das Abkommen der beiden Staatsmänner, das einen Zusammenhang zwischen der äthiopischen und der tunesischen Frage festlegte, war während des Aufenthaltes von Laval in Rom im Jahre 1935 nach einem langen Gespräch unter vier Augen und nach einer Unterredung ohne Zeugen im Palazzo Farnese zustande gekommen.

Die Unterlagen, die von den beiden Seiten dazu geliefert wurden, stimmten nicht überein. Welches war die richtige Version? Es war nicht möglich, den Streit zu schlichten, und man wird vermutlich niemals wissen, wer in dieser Streitfrage recht und wer unrecht hatte. Pierre Laval hat behauptet, daß er Mussolini niemals freie Hand gelassen habe, damit sich dieser in ein kriegerisches Unternehmen gegen Äthiopien stürzen könne. Es habe sich in der Unterredung im Palazzo Farnese nur um eine ›friedliche Durchdringung‹ gehandelt. »Sie haben starke Hände«, soll der französische Ministerpräsident seinem Gegenüber gesagt haben, »mißbrauchen Sie sie nicht!«

Mussolini hat seinerseits zugegeben, daß Laval ihm nicht ausdrücklich seine Hilfe versprochen habe für den Fall, daß Italien eine militärische Aktion unternehmen werde. Doch das war nach seiner Auffassung unausgesprochen einbegriffen, das verstand sich von selbst. Würde sonst etwa der Duce zum Austausch gegen einige Quadratkilometer Sand die ungeheure Konzession gemacht haben, die die Aufhebung der italienischen Vorrechte in Tunesien darstellte?

Auf alle Fälle war eindeutig, daß der Status der Italiener in der Regentschaft, der durch eine besondere Regelung definiert werden sollte, niemals klargelegt worden war. Somit bestand – und sei es auch nur in dieser Hinsicht – Anlaß zu Verhandlungen. Immerhin war es eine merkwürdige Art, eine solche Verhandlung zu verlangen, wenn in einer Pressekampagne Beschimpfungen ausgesprochen wurden und in einer parlamentarischen Versammlung ein Skandal heraufbeschworen werden sollte.

★

Wenn die Aufführung im Faschistischen Großrat die Haltung Mussolinis deutlich machte, so unterstrich sie zugleich die Illusionen, in denen wir selbst uns gewiegt hatten.

Seit dem Tage, da auf der Konferenz von Stresa Mussolini die westlichen Regierungen bedrängte, zu mobilisieren und zusammen mit ihm gegen Hitler, den Mörder von Dollfuß, zu marschieren, war nach den Worten des Duce selbst sehr viel Wasser unter den Brücken hindurchgeflossen. Er hatte sich schrittweise von der Furcht, um nicht zu sagen, von der Feigheit der demokratischen Mächte überzeugen können; er hielt sie nun für unfähig, einen riskanten Entschluß zu fassen und ihn auszuführen, für unfähig, einem kräftigen Angriff zu widerstehen, im Gegenteil für stets bereit, sich dem *fait accompli* zu beugen. In dem Maße, wie er sich von ihnen entfernte, hatte er sich Hitler-Deutschland genähert. Er war voller Bitterkeit und Rachsucht, weil der Völkerbund, England und vor allem Frankreich, dessen er sich sicher geglaubt hatte, in dem Krieg mit Äthiopien Stellung bezogen und Sanktionen gegen ihn verhängt hatten, die Japan, als es sich auf die Mandschurei stürzte, erspart geblieben waren. Umgekehrt aber war er Deutschland dankbar, daß es ihn unter so schwierigen Umständen geschont und ermutigt hatte. Der Bürgerkrieg in Spanien hatte ihn erneut in Gegensatz zu den Briten und den Franzosen und dafür in dasselbe Lager wie Adolf Hitler gebracht. Er liebte die Deutschen nicht. Er hatte gegenüber den Teutonen ein altes, ein atavistisches Vorurteil, hegte Mißtrauen und Antipathie. Die Kühnheit des Führers beeindruckte ihn und stachelte ihn zur Nachahmung auf. Hitler hatte jedoch auch undurchsichtige Seiten, die ihn beunruhigten. Im Verlaufe einer langsamen Entwicklung hatte er aber nach und nach sein Zögern überwunden, die Warnungen seines Instinktes unterdrückt, er hatte seine Wahl getroffen und die Achse geschmiedet. Ende September 1937 hatte er in Berlin laut jene Worte ausgerufen: »Wenn der Faschismus einen Freund hat, dann geht er mit ihm bis ans Ende!.« Und: »115 Millionen Menschen stehen zusammen in einer unerschütterlichen Entschlossenheit. . Europa wird faschistisch sein!«

Der Besuch, den Hitler ihm in Rom im Mai 1938 abstattete, hatte offensichtlich die Freundschaft der beiden Diktatoren besiegelt; ein Jahr später setzte sie sich um in den Abschluß des ›Stahlpaktes‹. Es ist verwunderlich, daß bei diesen Gesten und bei diesen unmißverständlichen Bekundungen Mussolinis die westliche Welt – darunter auch ich – sich eingebildet hatte, er könne ein Werkzeug der Versöhnung und des Friedens sein. Vielleicht war die ganze Welt an die übertriebenen Reden und die beleidigenden Herausforderungen des Duce gewöhnt. Man nahm sie nicht mehr wörtlich. Die Reden wurden auf das Konto mittelmeerischer Übertreibung gebucht. Vor allem hatte auch die Rolle, die Mussolini in München gespielt hatte, der Anteil, der bei der Einberufung und dem Erfolg der Konferenz auf Mussolini fiel, der heilsame Einfluß, den er auf Hitler ausgeübt hatte, seine kriegerischen Reden in unserem Gedächtnis verblassen und uns vermeinen lassen, er wünsche aufrichtig den Frieden, er habe sich zum Frieden bekehrt und er sei entschlossen, seine Bemühungen zur Konsolidierung des Friedens fortzusetzen.

Wir wußten damals nicht, daß die Konferenz von München seine Ideen und seine Pläne in Wirklichkeit in nichts geändert hatte. Er war und blieb überzeugt, daß ein Krieg zwischen den totalitären Staaten und den demokratischen Mächten unvermeidlich sei und daß diese letzteren ganz bestimmt geschlagen würden. Während des Aufenthaltes in Berlin hatten die Deutschen ihm auf einem Manövergelände die Panzer-Divisionen vorgeführt, die sie gerade aufgestellt hatten. Ihre Manöver waren vom schrecklichen Heulen der Stuka begleitet, die sich niederstürzten. Der Duce war davon tief beeindruckt. Er hatte die Überzeugung mitgenommen, daß die deutsche Macht unwiderstehlich sei. Von da an war in seinen Beziehungen zu Hitler ein neues Gefühl aufgetaucht: die Angst – die Angst, daß sein mächtiger Spießgeselle, wenn er ihm eines Tages mißfalle, seine Rache an ihm selbst nehmen könnte. Es schien ihm also in jeder Hinsicht besser, an der Seite des Siegers von morgen zu bleiben.

Doch Mussolini wollte nicht, daß der Krieg zu früh ausbreche. Er wollte Zeit gewinnen. Er benötigte einen Aufschub von einigen Jahren, um die militärische und psychologische Vorbereitung seines Landes zu vollenden. Er hatte darüber mit Hitler gesprochen, der sich einverstanden erklärt hatte. Während dieses Aufschubes sollte im Jahre 1942 in Rom eine große internationale Ausstellung organisiert werden. Sie sollte die Weltmeinung einschläfern und dem italienischen Staatsschatz gleichzeitig einen Zufluß an harten Devisen einbringen. Danach erst würden die Würfel fallen. Auf jeden Fall war zwischen dem Führer und ihm vereinbart, daß die beiden Regierungen sich gegenseitig informieren und bei jeder Frage, die den gegenwärtigen Status in Europa ändern könnte, einander um Rat angehen würden. Diese Klausel sollte später in die Abmachungen des ›Stahlpaktes‹ aufgenommen werden.

Von nun an und im Hinblick auf künftige Ereignisse sollte Italien seine Positionen abstecken, seine Forderungen formulieren und Zwietracht und Unordnung in die Reihen der Demokratien bringen, indem es jenen Teil von ihnen angriff, der für den schwächsten gehalten wurde: Frankreich.

Denn auf Frankreich war Mussolini mehr als auf irgendwen sonst erbost. Die Zuneigung, die er ihm einstmals gezeigt hatte, war in Abneigung umgeschlagen, eine Abneigung, die an Haß grenzte. Frankreich hatte ihn in jeder Hinsicht enttäuscht, und er verzieh es ihm nicht. Im übrigen war er der Meinung, daß Frankreich durch innere Schwierigkeiten gelähmt sei, daß es im Niedergang, im Verfall stehe. Er war begierig, das Erbe anzutreten. Die Bildung der Volksfront, die offenkundige Sympathie, die die Volksfront den spanischen Republikanern entgegenbrachte, hatten seine Verachtung noch bestärkt. Die Unterstützung Deutschlands erhöhte seine Selbstsicherheit, seine natürliche Arroganz. Großbritannien seinerseits – als wollte es die Feindseligkeit, die es während des äthiopischen Krieges gezeigt hatte, vergessen machen – umgab ihn mit Zuvorkommenheit und brachte ein Mittelmeerabkommen zustande. Neville Chamberlain und Lord Halifax bekräftigten dieses Abkommen durch einen Besuch in Rom. Frankreich war also isoliert, und die faschistische Diplomatie, die sich schmeichelte, nicht so hasenfüßig zu sein wie die der Demokratien, brauchte also Frankreich nicht zu schonen.

Aber in Frankreich gingen die Dinge nicht so leicht. Der Zwischenfall vom 30. November im Faschistischen Großrat rief im Quai d'Orsay lebhafte Entrüstung hervor. Das also war das Ergebnis der Politik von München, die erhoffte Konsolidierung des Friedens, der Dank für die Anerkennung des italienischen Kaiserreiches Äthiopien? In der öffentlichen Meinung war die Bewegung nicht geringer als in den amtlichen Kreisen. Die öffentliche Meinung war einmütig empört über die Sprache, die die Presse der Halbinsel führte.

Was mich anging, so sah ich voll Trauer, wie meine Hoffnungen auf Frieden und eine Annäherung schwanden.

☆

Am 17. Dezember richtete Ciano ein Schreiben an mich, in dem er namens seiner Regierung und mit Hilfe von Argumenten, die ich weiter oben erläutert habe, die Abkommen von 1935 kündigte. Immerhin bot er in einem Schlußsatz an, neue Verhandlungen aufzunehmen. Ich übermittelte seinen Brief und bemerkte dazu, daß, wenn es meiner Auffassung nach auch nötig sei, die italienische Behauptung zu widerlegen und zu verwerfen, es dennoch gute Politik sein könnte, die Tür für ein späteres Gespräch nicht ganz zuzuschlagen. Denn wenn man eine Tür ins Schloß fallen läßt, so weiß man nie, ob man sie dann, wenn man es für wünschenswert hält, wieder öffnen kann.

Bei der Haltung, die Italien nunmehr einnahm, bestand natürlich nicht sehr viel Aussicht, daß eine Verhandlung zu einem positiven Ergebnis führen könne. Wenn wir uns bereit erklärten, zu verhandeln, so bedeutete es, daß wir nicht jeder Konzession feindlich gegenüberstanden und daß wir nicht ohne weiteres jede Idee verwarfen, die Abkommen von 1935 in dem von Italien gewünschten Sinne abzuändern. Die Gefahr einer versöhnlichen Antwort von unserer Seite bestand – da man keinerlei Entschuldigung ausgesprochen hatte, um die Beleidigung, die uns im Faschistischen Großrat zugefügt worden war, abzumildern – darin, daß man sie als ein Zeichen der Schwäche auslegen konnte; zugleich mochte sie die Presse der Halbinsel dazu ermutigen, ihre Ungezogenheit und Heftigkeit uns gegenüber zu verdoppeln, und Mussolini, das Ausmaß seiner Forderungen hinaufzuschrauben. Ein Fehlschlag, den man für wahrscheinlich halten mußte, würde also die Spannung vergrößern, ohne irgend jemand zu nützen.

Auf der andern Seite sind menschliche Kontakte reich an Überraschungen. Niemand weiß, was sie bringen können. Die Rolle der Diplomatie, ja ihre Aufgabe besteht darin, zu verhindern, daß sich das Unwiderrufliche ereignet. Ein Austausch der Auffassungen hätte immerhin den Vorteil, uns über die Natur und das Ausmaß der italienischen Forderungen zu informieren. Letzten Endes war Mussolini auch launenhaft und wetterwendisch. Seine auswärtige Politik war niemals sehr zusammenhängend gewesen. Man konnte also nicht davon ausgehen, daß sie von nun an keine Schwankung mehr zeigen werde.

Solcher Art waren die Gründe, die es mich für das

Klügste halten ließen, den Italienern zu antworten, daß wir ein Gespräch wünschten, und sie einzuladen, die Karten auf den Tisch zu legen. Was schwebte ihnen vor? Was führten sie im Schilde? Meine Ratschläge wurden in Paris nicht gehört. Am 26. Dezember setzte man der Note Cianos ein kategorisches *Nein* entgegen. Die französische Regierung bezeichnete den Vertrag von 1935 als weiterhin gültig, seine einseitige Aufkündigung als null und nichtig; sie erklärte, daß sie demzufolge die Kündigung nicht anerkenne. Was das Angebot anging, neue Verhandlungen aufzunehmen, so ließ der Quai d'Orsay es verächtlich fallen.

Damit begann für mich eine lange und schmerzhafte Zeit der Prüfung. Die Beziehungen der beiden Länder, nun von Boshaftigkeit und Rachsucht bestimmt, wurden schlimmer denn je. Alle Augenblicke ergaben sich Zwischenfälle, die Öl ins Feuer gossen. Kaum ein Tag, an dem nicht irgendein Organ uns beschimpfte. Mussolini, Journalist und Polemiker bis ins Mark, konnte es sich nicht versagen, an diesem abscheulichen Konzert teilzunehmen. Die Artikel, die aus seiner Feder stammten, waren kenntlich an der außergewöhnlichen Heftigkeit, der geradezu hemmungslosen Art von Beschimpfungen und des Hasses, der sich darin spiegelte und einen Abgrund von Vulgarität und Niedertracht erkennen ließ. Ich war davon wie vor den Kopf geschlagen. Die schlimmste dieser Beschimpfungen erschien im ›*Tevere*‹ am 14. Januar 1939 unter

35

dem Titel ›*Ich spucke auf Frankreich*‹. Hatte sich jemals ein Regierungschef in solcher Art gehen lassen? War nicht in diesem Benehmen das Zeichen einer regelrechten Sinnesverwirrung zu erkennen? Wie hatte ich mich so sehr täuschen können, mir einzubilden, daß dieser Feuerkopf eine beruhigende Wirkung ausüben und die Rolle eines Befrieders spielen könnte? Im Vergleich mit ihm erlangte Hitler das Aussehen eines gemäßigten Menschen mit guten Umgangsformen.. Wie schlecht war ich doch inspiriert gewesen, als ich Berlin verließ, um nach Rom zu gehen! Aus der Charybdis war ich in die Skylla geraten. Die dunkelsten Vorgefühle bewegten mich. War es noch möglich, die Stürme, von denen ich die Zukunft bedroht sah, zu beruhigen?

Um den italienischen Forderungen und dem Pressefeldzug, der diese unter direkter Sprachregelung des Duce begleitete, etwas entgegenzustellen, unternahm der Regierungschef, Edouard Daladier, eine offizielle Reise nach Korsika, Tunis und Nordafrika. »Niemals«, rief er während dieser demonstrativen Besuche aus, »niemals werden wir eine Handbreit von dem aufgeben, was uns gehört!«

Dieses ›Niemals‹ verdoppelte die Wut der Faschisten. In Ajaccio wurde dem Ministerpräsidenten nach alter Tradition ein Dolch als Geschenk überreicht. Daladier vergnügte sich damit, ihn hochzuheben und wilde Augen dazu zu machen, so als wolle er einen imaginären Feind durchbohren. Sogleich bemächtigten sich die Zeitungen der Halbinsel dieser Szene und ergingen sich in Beschimpfungen. Natürlich hatte Daladier den Dolch gegen Italien gezückt! Italien hatte er herausgefordert und bedroht! Mit Hilfe eines recht gewagten Rollentausches wurde Frankreich als der Provokateur und Feind hingestellt.

☆

Am 11. Januar 1939 begaben sich der britische Premierminister Neville Chamberlain und sein Außenminister Lord Halifax zu einem offiziellen Besuch nach Rom. Es war dies das Ergebnis eines von langer Hand vorbereiteten Unternehmens, das auf die Aussöhnung der beiden Länder abzielte.

Einer sehr alten traditionellen Freundschaft zum Trotz hatte der Krieg Italiens gegen Äthiopien die beiden Länder tiefgehend getrennt. England hatte zu einem wesentlichen Teil dazu beigetragen, den Völkerbund zu überzeugen, zu einer Waffe zu greifen, die noch niemals gegenüber einer Großmacht angewandt worden war, und gegen Italien wirtschaftliche Sanktionen zu verhängen – eine Zwangsmaßnahme übrigens, die dazu geführt hatte, alle italienischen Patrioten mit dem Duce solidarisch werden zu lassen, ob sie nun Faschisten waren oder nicht. Die Unterstützung, die General Franco während des spanischen Bürgerkrieges von sogenannten italienischen Freiwilligen zuteil geworden war, hatte die Sache noch

schlimmer gemacht. Dennoch war im Juli 1936, als
die Sanktionen aufgehoben worden waren, der beiderseitige Wunsch nach einer Annäherung zutagege-
treten. Der Botschafter Großbritanniens in Rom, Sir
Eric Drummond, hatte es sich zur Aufgabe gesetzt,
die Annäherung zu entwickeln und in diplomatische
Akte umzusetzen. Die Idee, die ihm vorschwebte und
die er mit seinem Regierungschef teilte, war, daß er
Mussolini – wenn er sich bemühte, ihn auf die Seite
Londons zu ziehen und dort festzuhalten – daran hin-
dern könnte, sich in seinen Abmachungen mit Berlin
allzu weit vorzuwagen. Ende 1936 war ein anglo-ita-
lienisches Handelsabkommen geschlossen worden.
Am 2. Januar 1937 hatten Ciano und Drummond ein
gentlemen's agreement unterzeichnet, welches festlegte, daß der *status quo* im Mittelmeer geachtet werden müsse. Daraufhin hatten Baron von Neurath und
danach Göring zweimal Unterredungen mit Mussolini in Rom, um ihn zu bewegen, am Antikomintern-
pakt teilzunehmen und ihn enger an das Dritte Reich
zu binden. Es mißfiel dem Duce nicht – und auch
nicht seiner Eitelkeit –, sich solchermaßen von beiden
Seiten umworben zu sehen, den Preis für seine Freundschaft hinaufzusetzen und zu verstehen zu geben, daß
er im gegebenen Falle zum Vermittler besonders qua-
lifiziert sei.
Die Leichtigkeit, mit der er im März 1938 die brutale Annexion Österreichs hingenommen hatte, dieses
Landes, als dessen Beschützer und Freund er sich

38

lange Zeit fühlte, hätte das Mißtrauen Chamberlains wecken und ihn zu Zurückhaltung und Vorsicht bestimmen müssen. Sie bewirkte jedoch im Gegenteil, ihn in seinem Urteil und seinen Absichten zu bekräftigen und diese noch zu beschleunigen. Anthony Eden, der vorsichtiger war, Mussolini feindlich gesonnen und persönlich mit ihm entzweit, hatte es vorgezogen, seinen Posten aufzugeben, statt sich an dieser Politik des Premierministers zu beteiligen. Er war sofort durch Lord Halifax ersetzt worden. So waren die Verhandlungen aktiv vorwärtsgetrieben worden und hatten am 16. April 1938, einen Monat nach dem Zusammenbruch Schuschniggs, zum Abschluß eines regelrechten Vertrages geführt, der das *agreement* von 1937 erweiterte und präzisierte und die Anerkennung der Annexion Äthiopiens durch Großbritannien erbrachte.

Ebensowenig wie dieses Ereignis hatte die tschechoslowakische Krise die Haltung Chamberlains geändert. Das Abkommen von München war für ihn ein zusätzlicher Grund gewesen, zu hoffen, daß die Wiederherstellung guter Beziehungen zwischen England und Italien es erlauben werde, den Ehrgeiz Adolf Hitlers zu mäßigen und den Frieden zu konsolidieren, den er auf lange Zeit hinaus gesichert glaubte. Er hatte sich also bereit erklärt, das Abkommen von 1938 durch einen offiziellen Besuch in Rom in Begleitung von Lord Halifax zu bekräftigen. Sein Botschafter – inzwischen war Lord Perth Botschafter geworden – hatte dazu beigetragen, ihn zu dieser Reise zu bestimmen. Lord Perth war im Begriff, in den Ruhestand zu treten. Er betrachtete den Besuch der britischen Minister als eine ruhmvolle Leistung, als die Krönung seiner Karriere, da er ja den Graben auffüllte, der sich zwischen den beiden traditionell befreundeten Mächten aufgetan hatte. Um nichts in der Welt würde er darauf verzichtet haben. Immerhin war da ein Umstand, der ihm etwas Kopfzerbrechen bereitete, ihm und seinen Ministern.

Die Engländer hatten festgelegt, daß das *gentlemen's agreement* und die daraus folgenden Abkommen von parallel laufenden französisch-italienischen Abkommen begleitet sein sollten. Doch der Duce hatte dies abgelehnt und hartnäckig auf seiner Weigerung bestanden. Viel mehr noch: Er zeigte gegenüber Frankreich eine wachsende Feindseligkeit, indem er die Demütigungen, die Beschimpfungen und die Herausforderungen vervielfachte, während die französische Regierung nichts lieber getan hätte, als sich ihm zu nähern und ihm die Hand zu reichen. Man mußte unter diesen Umständen annehmen, daß sein Bemühen um Großbritannien verdächtig sei, daß es weniger zum Ziel habe, die englisch-italienische Freundschaft wiederherzustellen, als der englisch-französischen Entente zu schaden, die demokratischen Mächte zu spalten und sie vor dem feindlichen Lager zu schwächen, d.h. vor dem Lager der Totalitären. Wenn ihm wirklich an dem europäischen Frieden gelegen gewesen wäre, hätte er nicht gehandelt, als wolle er einen Konflikt mit Frankreich heraufbeschwören. In Wirklichkeit arbeitete er schon nicht mehr für den Frieden, sondern für Deutschland. Seine Haltung hätte auf alle Fälle verdient, in London zu verstimmen und ihn wissen zu lassen, England werde seine Sache nicht von der Frankreichs trennen und das Anliegen der beiden verbündeten Länder sei der Friede.

Wahrscheinlich haben Neville Chamberlain und Lord Halifax tatsächlich einige Sätze in diesem Sinne an den Duce gelangen lassen, jedoch in der Form eines Bedauerns oder eines Wunsches und keineswegs im Tone eines Ordnungsrufes oder eines Tadels. Mussolini maß dem keinerlei Bedeutung bei. Bei den diplomatischen Empfängen, die der Gewohnheit entsprechend stattfanden, tat er so, als sähe er mich nicht, drehte mir gar den Rücken zu. Was die britischen Besucher anbetraf, so dachten sie nicht daran, mir öffentlich oder offenkundig Sympathie zu zeigen, die doch sehr angebracht gewesen wäre; denn sie hätten damit zu verstehen gegeben, daß die Entente zwischen Großbritannien und Frankreich beschlossene Sache blieb und nicht erschüttert werden konnte.

Letzten Endes schien der Besuch der englischen Minister in Rom, weit davon entfernt, den Duce zur Mäßigung zu veranlassen, ihn nur noch unverschämter zu machen. Die Instruktionen, die er im Hinblick auf mich gegeben hatte, wurden nicht gemildert. Ich blieb in Quarantäne.

Mussolini haßte mich, hat man behauptet, weil ihm ironische Bemerkungen, die ich über ihn gemacht haben sollte, hinterbracht worden seien. Ich wüßte nicht, wann ich solche Bemerkungen gemacht hätte. Bis zur Stunde sind sie mir unbekannt. Es ist eine Verleumdung, wenn man mir dies unterstellt. Der Duce haßte in mir ohne Zweifel den Menschen und das Gute, das er gelegentlich über mich sagen hörte, doch ganz gewiß auch den Vertreter Frankreichs. Er wollte durch seine Haltung mir gegenüber zu verstehen geben, daß jede Anstrengung, ihn von Hitler und Deutschland zu entfernen, vergeblich sein werde.

Wie dem auch sei, es war allen Beamten und offiziellen Persönlichkeiten, mit Ausnahme der Beamten des Palazzo Chigi, verboten worden, im Palazzo Farnese zu verkehren. Ich hatte keinen direkten Kontakt mehr mit Ciano. Zur Erledigung der laufenden Angelegenheiten schrieben wir uns nur noch über unsere Mitarbeiter oder mit Hilfe der sogenannten ›Verbal-Noten‹, die nichtsdestoweniger geschrieben wurden.

So, als sei dieses Scherbengericht selbst nicht schon beredt genug, vielleicht auch, um den Eindruck zu erwecken, daß die Regierung einem Druck der öffentlichen Meinung gehorche, kam von Zeit zu Zeit eine Horde junger Leute, die in einer Handelsschule der Umgebung rekrutiert wurden, um feindselige Rufe in der Nähe meiner Residenz auszustoßen. ›Spontane Kundgebungen einer feurigen Jugend‹ nannte man das. In Wirklichkeit waren sie von Starace

und den Geschöpfen seiner Umgebung sorgfältig
organisiert. Schon am Morgen wurde ich vom Tritt
der Carabinieri, die über das Pflaster marschierten,
darauf aufmerksam gemacht; sie placierten mehrere Stunden im voraus einen Ordnungsdienst, der
damit betraut war, die ›spontane Kundgebung‹ des
Tages in entsprechenden Grenzen zu halten. Diese
Kundgebung lief bei Schulschluß ab, ungefähr am
Mittag, und im übrigen in guter Entfernung vom
Palazzo Farnese. Einmal wurde indes der Zug etwas kühner. Die dünn gesäte Truppe defilierte unter
meinem Fenster hinter einem Sarg vorbei, der mit der
französischen Fahne bedeckt war. Das war der Höhepunkt dieses Narrenspieles. Nach dieser Glanzleistung
hörte es auf. Ich habe seither häufig an diesen lächerlichen Sarg denken müssen. Er kündigte nicht meinen
Tod und auch nicht den meines Landes an, sondern
sehr viel mehr das blutige Ende des Duce und das
tragische Begräbnis seiner unsinnigen Ansprüche . .
Meinerseits hütete ich mich sehr wohl, zu protestieren
oder mich zu beschweren. Ich weigerte mich einfach,
die Zwischenfälle, die man heraufbeschwören, und die
Kränkungen, die man mir zufügen wollte, ernst zu
nehmen. Ich begegnete ihnen mit Nichtachtung und
mit einem Lächeln, womit ich vorgab, darin eher
kindliche als häßliche Gesten zu erblicken. Ich hätte
nur die Erwartung ihrer Urheber erfüllt, wenn ich
der Wut, der Entrüstung nachgegeben und gezeigt
hätte, daß sie mich verletzten. So begnügte ich mich

damit, die Achseln zu zucken und mir Mühe zu geben, die Geduld nicht zu verlieren. Meine Kaltblütigkeit ärgerte den Duce. Darüber hinaus war er außerordentlich verstimmt über die ausgezeichneten Beziehungen, die ich weiterhin mit den leitenden Persönlichkeiten Hitler-Deutschlands unterhielt. Wenn diese durch Rom kamen, verfehlten sie niemals, mich zu besuchen. Mussolini hätte gern gesehen, daß sie mich aus Solidarität mit ihm vergäßen. Doch sie, die sich im Grunde über unser schlechtes Verhältnis freuten, waren keineswegs ärgerlich darüber, zu bezeugen, daß sie nicht verpflichtet waren, sich den Vorurteilen ihres Verbündeten zu beugen.

Im übrigen war man weit davon entfernt, den Befehlen des Duce und der Führer des Faschismus überall nachzukommen. Die römische Gesellschaft nahm es niemals hin, sich dem Boykott, dessen Opfer ich sein sollte, anzuschließen, und ich erwarb in ihren Reihen Freundschaften, die umso kostbarer waren, als sie Mut bewiesen.

Der römischen Gesellschaft war es zu danken, daß die Empfänge der Französischen Botschaft in Rom immer stark besucht waren, und daß es dem Palazzo Farnese niemals an Gästen mangelte.

Von allen römischen Palästen ist der Palazzo Farnese sicherlich der schönste, der harmonischste, der ausgewogenste, der vollständigste, der mit der reinsten Linie, der reichste in seinen Details und dennoch der einfachste in seiner imponierenden Masse. Er ist ein unerschöpfliches Studienobjekt für die Architekten von gestern, heute und morgen, die niemals müde werden, seine wunderbaren Verhältnisse, seine elegante Loggia und das berühmte Kranzgesims von Michelangelo zu bewundern, das ihn krönt.

Unter den Verdiensten der Erbauer, die aufeinander folgend es verstanden haben, dem Palazzo eine bemerkenswerte Einheitlichkeit zu geben, ist eines, das vielleicht nicht genügend hervorgehoben wird. Sie trugen Sorge, die Umgebung des Palazzo freizulegen, ihm einen Vorplatz zu geben, der mit Brunnen geschmückt ist, und eine Straße auf ihn zulaufen zu lassen, für unsere Augen heute nur ein Gäßchen, das aber, da es genau in der Achse des Eingangsportals verläuft, erlaubt, das Monument mit einem Blick zu erfassen, sobald man auf den Platz gelangt. Sie haben somit einen Sinn für die Perspektive bewiesen, der in jener Zeit ganz und gar Ausnahme war.

Zu Zeiten seines größten Glanzes war der Palast, der bis unter das Dach von einer zahlreichen Sippe und von einer lauten Menge von Freunden, Priestern, Sekretären, Stallmeistern, Dienern, Reitknechten und Kutschern bewohnt war, von antiken Statuen, von Basreliefs, mit Marmorbildern, Bronzen und Kunstgegenständen angefüllt, die aus den Ruinen der Stadt stammten und in den Gärten, unter den Bögen des

Erdgeschosses und in den Galerien der ersten Etage aufgestellt waren. Der ›Farnesische Stier‹ und der ›Farnesische Herkules‹ sind die bekanntesten unter ihnen. Sie sind zum größten Teil in das Museum von Neapel gebracht worden; doch eine Kopie des Herkules in Gips empfängt sehr nachsichtig auf den obersten Stufen der Ehrentreppe die schnaufenden Besucher.

Wer hier lebt, dem bietet der Palazzo Farnese eine stets erneute Quelle intellektueller und künstlerischer Freuden. Seine Mauern, sein Portikus, seine Galerien, seine Salons, seine Fresken und der Entwurf zu einer Brücke, die am Tiber endet und einmal die Gärten der Farnesina mit dem Palast verbinden sollte, zeichnen in bewegender Art die Geschichte dieser Familie der Farnese auf, die zweihundert Jahre lang den ersten Platz auf der römischen Szene rings um den Papstthron eingenommen und an den großen und kleinen, den kühnen und finsteren Geschehnissen, die sich dort abspielten, teilgehabt hat; sie beschwören jene Persönlichkeiten aus der italienischen Renaissance herauf, die von einer ungeheueren Lebendigkeit beseelt waren, jene Alexander, jene Ranuccio und Odoardo, die aus Veranlagung Generale waren, bei Gelegenheit Päpste und Kardinäle, ebenso glühend in ihrer Frömmigkeit und in ihrem Glauben wie in ihrem Vergnügen, die sich genau so zu Hause fühlten im Studium, in der Lektüre und der Pflege der Künste wie in der Intrige, der Jagd oder im Krieg, und die als Residenz ein Haus wählten, das alle anderen übertraf und eine Vorstellung gab von dem Reichtum und dem Ruhme ihrer Sippe. Gleichermaßen frappierend ist die merkwürdige Prädestination der Verbindung zwischen dem Palazzo und Frankreich seit früher Zeit; schon im Jahre 1635 etablierte Frankreich einen Botschafter Ludwigs XIII. dort und von 1662 bis 1678 vier Botschafter Ludwigs XIV., noch ehe seit 1874 daraus die dauernde Residenz der diplomatischen Vertreter Frankreichs bei der Regierung Italiens wurde.

So viele auch der Erinnerungen sind, die der Palast umschließt und die er dem Geist aufzwingt, so sind gerade die Majestät und die Proportionen des Gebäudes für das tägliche Leben bedrückend. Es ist leicht einzusehen, wie schwierig es war, den ungeheuer großen Bau, in dem das geringste Zimmer sieben oder acht Meter hoch ist, so hoch, daß Möbel der gewohnten Ausmaße einer Rasse von Pygmäen zu gehören scheinen, für die Bedürfnisse des modernen Lebens herzurichten. Die riesengroße Wohnung ist nicht geeignet, die vielen hervorragenden Franzosen zu beherbergen, die jedes Jahr in die Ewige Stadt kommen. Der Palast verfügt einfach nicht über die notwendigen Schlafzimmer. Eigentlich müßten die persönliche Wohnung des Botschafters und die Zimmer, die für seine Familie und seine Gäste bestimmt sind, auf der zweiten Etage liegen, doch ist diese Etage im Besitz der ›Ecole Française de Rome‹. Sie beherbergt den

Direktor, zur damaligen Zeit Jérôme Carcopino, und die Seinigen, darüber hinaus ein halbes Dutzend von Pensionären, die man sehr zu unrecht ›Schüler‹ nennt, da sie sich ja dort befinden, weil sie schon Meister sind. Sie auszuquartieren, würde dem Bruch einer alten Tradition gleichkommen, einer Tradition, auf die sie ebenso sehr halten, wie die Mitglieder der *Académie Française* an ihrer ›*Coupole*‹ festhalten. Es ist nicht daran zu denken; es würde ihnen das Herz brechen. Im übrigen wüßte man nicht, wohin mit ihnen, und zudem würde die Botschaft, selbst wenn sie sich entfernten, eines geschätzten Nachbarn beraubt, der sie bereichert.

Aber wenn auch die Wohnungen fehlen, die dem Bedarf entsprechen, so umfaßt der Palazzo Farnese auf der ersten Etage Empfangsräume von größter und reichster Schönheit. Die beiden Schmuckstücke darunter sind der Herkules-Saal und die Carrache-Galerie. Der Herkules-Saal, mit vollendetem Geschmack von dem Architekten Pontremoli restauriert, empfängt das Tageslicht durch sechzehn Fenster. Seine Decke ist achtzehn Meter hoch. Trotz diesen gigantischen Ausmaßen ist der Saal keineswegs maßlos. Er ordnet sich ganz natürlich rings um einen breiten Kamin, der von zwei so mächtigen Statuen flankiert wird, daß man versucht ist, sie dem Genius eines Michelangelo zuzuschreiben. Sie sind so wunderbar patiniert, daß man meinen sollte, sie seien in Elfenbein geschnitten. Die Wandteppiche und die Reihe imperialer Büsten, die die ungeheueren Wände schmücken, verhindern, daß die Sensation einer Leere entsteht, und sind ausreichend, den Raum zu möblieren. Es ist viel weniger ein Saal als ein Salon; so sehr ist der grandiose Charakter durch Eleganz herabgemildert.

Das zweite Wunderwerk ist die Carrache-Galerie; sie trägt den Namen der beiden Künstler, die das Gewölbe ausgestaltet haben. Die Malereien stellen ›Liebschaften der Götter‹ dar. Man ist überrascht, daß ein solches Sujet gewählt wurde, um die Wohnung von Kirchenfürsten auszuschmücken. Das ist aber einer der charakteristischsten Züge einer Epoche, die in ihrer Begeisterung für die wiederentdeckte Antike ohne irgendwelche Bedenken das Christentum mit dem Heidentum vereinte und deren Elite ebenso vertraut war mit Virgil, Ovid, Catull und Theokrit wie mit den beiden Testamenten. Die ›Nus‹ der beiden Carrache sind darüber hinaus so kräftig, so strahlend, so frei und so gesund, daß sie dadurch fast züchtig wirken, und die Schönheit dieser göttlichen Körper erscheint wie eine Ehrung der menschlichen Natur.

Trotz der eisigen Atmosphäre meiner Beziehungen mit dem Palazzo Venezia, in dem der Duce residierte, und dem Palazzo Chigi, in dem Ciano seine Büros hatte, drängte sich in diesem Dekorum die diplomatische Welt und die römische Gesellschaft jedes Mal, wenn wir eine Einladung gaben.

Schon in der Wintersaison von 1938 auf 1939, aber

noch viel regelmäßiger und systematischer 1939 auf 1940 hatte ich, nachdem Italien sich als ›nicht kriegführend‹ erklärt hatte, einen Zyklus von Vorträgen organisiert, der ein zahlreiches Publikum anlockte. Im Einvernehmen mit Jérôme Carcopino, der sich bereit zeigte, meine Absichten zu unterstützen, hatte ich diese Vortragsreihe unter die Schirmherrschaft der *Ecole Française* gestellt, um so klarzumachen, daß uns die Sorge um die Kultur und den kulturellen Austausch beseelte und nicht etwa der Wunsch nach politischer Propaganda. Die *Ecole Française* hatte die Gewohnheit, eng begrenzte Sitzungen zu veranstalten, in deren Verlauf vor einer Versammlung von Spezialisten, sei es von italienischen oder von französischen Wissenschaftern von Ansehen, Vorträge gehalten wurden, gelegentlich auch von ihren eigenen Mitgliedern. Es ging also darum, diesen Sitzungen einen größeren Rahmen und Widerhall zu geben. Der Herkules-Salon, der ein sehr viel umfassenderes Publikum aufnehmen konnte, wurde von mir den Farnesiern zur Verfügung gestellt.

Zugleich änderten wir die Art der behandelten Sujets. Neben der Archäologie wurde der Geschichte und der Literatur, die für die Gebildeten zugänglicher sind, ein größerer Raum gewährt. Der Übergang war gekennzeichnet durch einen Vortrag von M. Magi, dem Konservator der Vatikanischen Museen, dann von Paul Pelliot und von Jérôme Carcopino selbst. Ein ganzer Schwarm von Mitgliedern der *Académie Fran-*

çaise folgte: Henry Bordeaux, André Bellesort, Abel Bonnard, Léon Bérard, Emile Mâle, sie alle wetteiferten an Bildung und Charme. Ihre Vorträge hatten den größten Erfolg, in der ganzen Stadt wurde davon gesprochen, sie bewirkten die schmeichelhaftesten Kommentare, so als ob sie es fertiggebracht hätten, vergessen zu lassen, daß in Europa ein Krieg wütete, daß die Beziehungen Frankreichs und Italiens durch die Gallophobie des Duce vergiftet war und daß die dramatischsten Ereignisse bevorstanden.

Der gute Louis Madelin, selbst ehemaliger Pensionär der *Ecole Française*, war zu Beginn des Monats Mai 1940 unser letzter Redner. Er hatte in Rom nur Freunde; der Herkules-Salon erwies sich als zu klein, sie alle zu fassen. An die hundert Personen mußten stehen. In den ersten Reihen der Zuhörer saß die Königin von Spanien, der Marschall Caviglia, der Präsident der Verbände Ehemaliger Frontkämpfer, Delcroix. Die Vorträge der Farnesier hatten ihr Ziel erreicht. Sie hatten bewiesen, daß trotz den Bemühungen Mussolinis uns sehr viele italienische Sympathien erhalten blieben.

Als Madelin Rom verließ, nahm er sich vor, in kleinen Tagesreisen nach Frankreich zurückzufahren und an den Orten Aufenthalt zu machen, die ihm zusagten. Ich riet ihm, von diesem Plan Abstand zu nehmen und nicht länger auf der Halbinsel zu verweilen, wenn er sich nicht unangenehmen Abenteuern aussetzen wolle. Er glaubte nicht richtig zu hören. Er konnte es sich nicht vorstellen, daß die Situation so kritisch, daß die Zukunft so ungewiß sei. Als Präsident der italienisch-französischen Vereinigung, als Freund, der seit langer Zeit Italien liebte, und in der Reinheit seiner Seele weigerte er sich zuzugeben, daß die beiden Länder handgreiflich miteinander werden könnten.

☆

Wenn die Haltung der römischen Gesellschaft mir eine kostbare Unterstützung bot, so hatte ich eine zweite Stütze in meinen Beziehungen zu meinen nahen Mitarbeitern: Hubert Guérin, Jean-Paul Garnier, Armand Bérard, Roger Lalouette, Christian de Margerie. Zusammen mit dem Handelsattaché, Sanguinetti, der über eine große Erfahrung verfügte, dem Finanzattaché Montarnal und den Militärs, dem General Toussaint, auf den General Parisot folgte, dem Kapitän zur See de Laffon und seinem Nachfolger, dem Kapitän zur See de la Rosière, bildeten sie eine hervorragende Mannschaft junger Männer, die ernst waren, intelligent und ihrer Aufgabe ergeben, die sich Rechenschaft ablegten über die Schwere der Umstände und ideale Auffassungen bewiesen. Es war für mich ein Vergnügen, mit ihnen zu arbeiten, Gedanken auszutauschen und zu diskutieren. Der Botschaftsrat Guérin und der Botschaftssekretär J.-P. Garnier verfügten über sehr weitgehende Kenntnisse Italiens, dessen Sprache sie vollendet beherrschten. Ihre Verdienste und auch die ihrer Kollegen sind im übrigen nicht unbekannt geblieben; die einen sind zur Stunde schon Botschafter, andere stehen im Begriff, es zu werden.

Mit Jérôme Carcopino, dem Direktor der *Ecole Française*, verbanden mich besonders enge Beziehungen, so, wie sie sicherlich nicht häufig zwischen den beiden Etagen des Palazzo Farnese bestanden haben. Die Kameradschaft, die aus der *Ecole Normale* stammte, schuf zwischen uns eine besondere Vertrautheit und Intimität. Ich hatte ihn nicht in der Rue d'Ulm kennengelernt, wo er einige Jahre früher als ich selbst gewesen war. Doch bevor er seine Examina als Historiker ablegte, hatte er das vorgeschriebene pädagogische Praktikum im *Lycée Henri IV.* absolviert, und zwar in der obersten Klasse für Rhetorik, in der ich ebenfalls Schüler war. Bei dieser Gelegenheit hatte ich – während wir ihm natürlich nach guter alter Sitte unsere Streiche spielten – die Kraft und Klarheit seiner Intelligenz bewundert, seine Selbstsicherheit, seine Gestalt, die durchdringende und überzeugende Kraft seiner Stimme. Es hätte uns sicher beide sehr verwundert, wenn man uns damals vorausgesagt hätte, daß eines Tages der Schüler und der Lehrer sich in Rom gegenüberstehen sollten, der eine in der Rolle eines Botschafters Frankreichs, der andere in der des Direktors der *Ecole Française*. Und wenn man uns, während wir in meinem römischen Arbeitszimmer plauderten, angekündigt hätte, daß ich 18 Jahre später, nach vielen Gewittern, in denen wir alle die Möglichkeit hatten, unterzugehen, meinen Gesprächspartner in der *Académie Française* empfangen und als Antwort auf seine Antrittsrede die Aufnahmeansprache halten würde, hätten wir wohl beide über diese Prophezeiung gelacht und uns geweigert, sie ernst zu nehmen; wir hätten das womöglich für einen Scherz aus der *Ecole Normale* gehalten.

Ich hatte und habe für Jérôme Carcopino immer die gleiche Hochachtung und Zuneigung. Seine Freundschaft war für mich aber auch von sehr großem Nutzen. Er hatte alle Schätze seiner Bildung als Archäologe und Historiker zu meiner Verfügung gestellt. Und ich nahm sie ohne jede Scheu in Anspruch, um damit meine Spaziergänge auf den Spuren der Antike zu erhellen. Denn die Reste der alten römischen Stadt interessierten mich mehr als die Paläste und Kirchen aus der Renaissancezeit. Meine Schulzeit, die lateinische Prägung meiner Studien kamen wieder an die Oberfläche. Immer wieder weckten diese Steine, diese Bruchstücke von Gewölben und Mauern, diese Ruinen von Kolonnaden, Steinplatten, Triumphbögen, Stufen, Arenen, Foren und Gräber mein Interesse. Ich bemühte mich unaufhörlich, sie wieder zu realisieren, sie mir in ihrem ursprünglichen Zustand vorzustellen, die Persönlichkeiten und die Menschen, deren bewegtes Leben sich auf den Rostren, auf der Kurie, auf dem Kapitol und auf den Stufen der Basiliken, auf den Sitzen des Circus, in den Thermen, in den engen, gewundenen und übel riechenden Gassen abgespielt hatte. Carcopino unterrichtete, führte und erheiterte mich. Zusammen zogen wir hinaus, um die Ruinen von Ostia oder die geheimnisvollen etruskischen Totenstätten zu besuchen. Es war für mich das wirksamste Mittel, allen Sorgen zu entrinnen.

Aber wir unterhielten uns natürlich auch über Gegenwartsprobleme. Er war ein ausgezeichneter Ratgeber. Er beschränkte sich nicht auf seine wissenschaftlichen Arbeiten, sondern verfolgte täglich die Entwicklung der italienischen Politik und der Weltangelegenheiten; er war darum auch nicht weniger unruhig als ich. Als Republikaner und zutiefst patriotischer und liberaler Mensch – trotz dem Kulte, den er mit Julius Cäsar trieb – haßte er den Faschismus, haßte er Mussolini, dessen Böswilligkeit uns gegenüber sogar bis in das Gebiet der Archäologie zu spüren war; er verabscheute Hitler und den Nazismus, dessen unsinnige Ansprüche er erriet und fürchtete. Seine Klarsicht ließ ihn den Abgrund erkennen, dem der Duce entgegenglitt, wobei er sein Land mit sich zog, jenen Abgrund, an dessen Rand das Schreckgespenst eines europäischen Krieges stand. In den Universitätskreisen der Hauptstadt und in den wissenschaftlichen Zirkeln genoß er eine große Achtung und verfügte über sehr weitgehende Beziehungen; er übermittelte mir das Echo der dort geführten Unterhaltungen, die nicht sehr unterschiedlich von den unseren waren, und er half mir auf diese Weise, die Isolierung

zu durchbrechen, in die man mich hatte zwingen
wollen.

☆

Mein Kollege François Charles-Roux, Botschafter
beim Heiligen Stuhl, leistete mir einen ähnlich wert-
vollen Dienst. Die Weite seines Blickes und sein klares
Urteil vereinigten sich mit der Entschlossenheit, mit
der Aufrichtigkeit seines Charakters und seinem Fein-
gefühl. Weit davon entfernt, sich an meinem Geschick
zu desinteressieren oder an den Schwierigkeiten, mit
denen ich zu tun hatte, versäumte er keine Gelegenheit,
mir seine Sympathie zu beweisen, mich zu ermutigen,
mir Informationen zu geben und mir zu sagen, was
er von den Nachrichten hielt. Da er ein ehemaliger
Mitarbeiter von Camille Barrère war, der sich in allen
italienischen Angelegenheiten wie zu Hause fühlte,
nicht nur in der ›schwarzen‹ Welt, sondern in der ganzen römischen Gesellschaft, waren mir seine Meinungen
äußerst kostbar. Auf dem Umweg über ihn hatte ich
mit den Kreisen des Vatikans mehr Kontakt, als es
wohl sonst bei einem Botschafter Frankreichs am
Quirinal der Fall war. Ich stellte fest, daß auch dort
die Person und die Politik Mussolinis trotz der
Lateran-Abkommen mehr Mißtrauen und Furcht auf-
kommen ließen als Zustimmung.

Ich hatte übrigens nicht mehr die Zeit, mich zu Papst
Pius XI. zu begeben, um ihn an mich zu erinnern und
ihm meine Ergebenheit zu bekunden. Er war schwer

krank und starb kaum vier Monate nach meiner Ankunft in Rom. Ich wohnte seiner Bestattung bei und
der Wahl seines Nachfolgers.

Pius XI. hatte mir im Jahre 1931 eine Privataudienz
gewährt. Ich war damals junger Unterstaatssekretär
im Wirtschaftsministerium gewesen und vertrat zu
jener Zeit die französische Regierung auf einer Konferenz über Weizenfragen, die in Rom abgehalten
wurde. Damals litten wir nicht unter einem Mangel an Weizen, sondern an einem Überfluß, und es
ging darum, den Donaustaaten zu Hilfe zu kommen,
die nicht wußten, wohin sie mit dem Überschuß ihrer
zu reichen Ernten sollten.

In dem Zimmer, das unmittelbar an das Arbeitszimmer des Heiligen Vaters angrenzte, schienen die dienst-
habenden Prälaten recht aufgeregt und nervös zu sein.
Der Stundenplan der Empfänge war über den Hau-
fen geworfen worden. Entweder waren sie überfor-
dert worden, oder sie fürchteten, es zu sein. Sie
tauschten Vermutungen über die Stimmung ihres
Herrn aus, der an jenem Morgen nicht besonders gut
gelaunt zu sein schien. Ich amüsierte mich im voraus darüber. Denn am Vorabend hatte ich im Vor-
zimmer Mussolinis einer Szene beigewohnt, die in
jedem Punkt diesem Auftritt glich. Der Duce und der
Papst hatten zumindest einen Charakterzug gemeinsam: Sie waren nicht leicht zu behandeln, weder der
eine noch der andere ließ es sich nehmen, seine Umgebung ständig in Trab zu halten.

Pius XI. bewies mir indes viel Entgegenkommen und Höflichkeit. Hat die Zeit das Bild, das ich von ihm bewahre, verändert? Ich sehe ihn noch weißgekleidet hinter seinem großen Schreibtisch sitzen, den Rücken den Fenstern zugekehrt, die Knie auseinandergenommen, als gelte es, seine Beleibtheit zu stützen, mit gerötetem Gesicht – er war ein Sanguiniker – und lebhaften Augen, mit kurzen und entschlossenen Bewegungen. Ich höre noch sein schnell gesprochenes Wort, das immer ein wenig kurzatmig klang; doch war er ganz zu Hause im Gebrauch der französischen Sprache.

Wenige Wochen vorher hatten Deutschland und Österreich die Welt in Aufregung versetzt, als sie ihren Entschluß verkündeten, eine Zoll-Union zu bilden, also den ›wirtschaftlichen Anschluß‹ der beiden Länder zu vollziehen. Man hatte daraus auf bevorstehende politische Komplikationen geschlossen, und die englischen und amerikanischen Finanzleute hatten den ohnedies katastrophalen Abzug der Geldfonds, die sie den Banken von Wien und Berlin geliehen hatten, beschleunigt.

Ich hatte mir in den Kopf gesetzt, den Heiligen Vater dazu zu bringen, mir mitzuteilen, was er von diesem Ereignis hielt. Unglücklicherweise ging unser Gespräch in eine ganz andere Richtung. Nachdem der Papst sich über Ziel und Zweck meiner Anwesenheit in Rom erkundigt hatte, beharrte er darauf, mit mir über die Landwirtschaft in Frankreich zu sprechen, über die fundamentale und die wohltuende Rolle, die der Weizen und der Wein darin spielen, und über die Erfahrung und das Talent, die von Weinbauern für ihre Arbeiten verlangt werden.

Während ich ihm zuhörte, fragte ich mich: Wie stelle ich es an, von diesem Thema auf den ›Anschluß‹ zu kommen? Da fiel es Pius XI. ein, mir zu erzählen, daß er, als er Nuntius in Warschau war, einen Tokaierwein getrunken habe, der zwei Jahrhunderte alt war. Die Keller in Polen, meinte er, hätten die Eigenschaft, gute Weine unendlich lange Zeit zu erhalten.

›Das‹, sagte ich mir, ›ist der Übergang!‹ Und nachdem ich vorgebracht hatte, daß es wirtschaftliche Affinitäten zwischen gewissen Nationen gäbe, da ein ungarischer Wein sich offenbar besonders gut in einem polnischen Keller halte, fügte ich hinzu: »Sicherlich ist das der Grund, der Deutschland und Österreich bestimmt hat, sich in den Versuch des Anschlusses zu stürzen, einen Versuch, der heute so viele Sorgen hervorruft. Was denkt Eure Heiligkeit davon?«

Der Papst verhielt sich einen Augenblick schweigend, nahm den Kopf hoch und hob dann einen Finger in die Luft, wobei er mir als Antwort auf meine Frage das lateinische Sprichwort zitierte:

»*Naturam expelle furca, tamen usque recurret*: Werft mir die Natur mistgabelweise hinaus, sie wird dennoch wiederkommen.« Was man frei mit einem Vers von Destouches übersetzen könnte: ›*Vertreibt nur das Natürliche, es kommt im Galopp wieder daher!*‹

Da war ich nun hereingefallen. Wie sollte ich diesen sybillinischen Satz deuten? Hatte der Papst sagen wollen, daß die Deutschen unverbesserlich seien und immer in dieselben Fehler verfielen, oder hatte er im Gegenteil gemeint, die Vereinigung der Deutschen und der Österreicher sei naturgemäß, so daß man sie nicht verhindern solle? Ich gestehe, daß ich lange Zeit der zweiten Auffassung zuneigte, mich auch daran gehalten hätte, wenn ich nicht später, als ich ›Acht Jahre im Vatikan‹ von François Charles-Roux las, erfahren hätte, daß der *Pontifex maximus* der Annexion Österreichs durch Hitler-Deutschland eindeutig feindlich gegenüberstand.

Ich habe Pius XI. zu seinen Lebzeiten nicht wiedergesehen. Doch ich sah ihn auf dem Totenbett, auf dem er aufgebahrt lag. Er war von seiner Krankheit so aufgezehrt, so abgemagert und zu einer so zerbrechlichen Form zusammengefallen, daß ich kaum den unerschütterlichen Greis, den kräftigen Mann wiedererkannte, der die Prälaten seines Hauses zittern ließ und mir die Würze des Tokaierweins gerühmt hatte.

Ich wohnte der Zeremonie seines Begräbnisses bei, einer erstaunlichen Zeremonie, wie alle Zeremonien des Vatikans erstaunlich sind durch eine Mischung von Geweihtem und Profanem, durch das Zusammentreffen eines auffallenden Pomps mit einer bunten Unordnung, der grandiosesten Feierlichkeit und der nonchalantesten Vertraulichkeit. Zunächst ist man davon immer etwas schockiert; aber dann wird man

empfindlich für die tiefgehende Lektion von Menschlichkeit, die sich aus diesem Kontrast ablesen läßt. Gewiß, der Papst ist eine beachtliche Persönlichkeit, er
ist die oberste geistliche Autorität in dieser Welt, er ist
der Vertreter Gottes auf Erden. Er ist indessen auch
nur ein Mensch, genau wie die andern, ebenso schwach
wie sie; und trotz der Mitra, den roten Schuhen und
den priesterlichen Gewändern hatte der Tod aus ihm
diese armselige Hülle gemacht, die da ausgestreckt und
wie verlassen auf dem Totenbett lag, während sich im
Halbkreis, zu beiden Seiten von Tribünen umgeben,
auf denen die geladenen Gäste sich drängten, vor
der Gruppe der zahllosen Bischöfe ein buntscheckiges
Volk bewegte – Kammerdiener mit Umhang und
Degen und Halskrause, Priester in einfachem Ge-
wand, die Schweizer Garden mit ihren blau und gelb
gestreiften Strümpfen, die Hellebarde in der Hand,
die Ehrengarden in roter Tunika, den Helm geschmückt mit dem Roßschweif . .
Wie viele Päpste sind vor Papst Pius XI. gestorben,
wie viele werden nach ihm sterben! Wichtig ist nicht
der tote, sondern der lebende Papst, derjenige, der
morgen Papst sein wird und den man schon unter
den Kardinälen in ihren violetten Trauermänteln zu
erraten sucht. Für einen Christen hat der Tod nichts
Abschreckendes. Er ist ein Phänomen, das ebenso natürlich ist wie das Leben selbst. Das Leben und der
Tod gehen Seite an Seite als gute Kameraden. Der
Tod weiß, daß das Leben nach Bewegung verlangt,

nach Lärm und Farbe. Daran dachte ich, als ich dieses außergewöhnliche Bild sah.

Aber die Zeremonie sollte noch nicht enden. Eine unerwartete Pause hatte sie unterbrochen. Die Lötlampe, mit der der Bleisarg zugelötet werden sollte, war vergessen worden; möglich auch, daß die, die man gebracht hatte, nicht funktionierte. Jedenfalls mußte in aller Eile eine andere geholt werden. Während dieser Zeit fingen die Gäste auf den Tribünen an, sich hin und her zu bewegen, leise zu tuscheln, so daß sich in der Kirchenhalle von St. Peter ein Summen erhob, ein Flüstern, das in den Gewölben hängen blieb wie ein Bienenschwarm bis zu dem Augenblick, da man einen Mann herbeilaufen sah, der sich duckte, als wolle er sich vor den Blicken verbergen, und in seiner Hand eine blaue Flamme hin und her schwenkte.

Mitten unter den andern hob sich ein Kirchenfürst durch seine Andacht hervor, die nichts zerstreuen konnte, durch die Intensität seiner Meditation, in der er sich sichtbar absonderte, durch eine Majestät, die allen seinen Gesten innewohnte, als er aufstand, um seinem Amt als Kammerherr nachzukommen und die ineinander liegenden Särge, die die sterbliche Hülle des Pontifex enthielten, mit seinem Siegel zu versehen: Kardinal Pacelli.

Wenige Tage später folgte er jenem Mann auf dem Throne nach, dessen wertvoller Mitarbeiter und treuer Freund er gewesen war.

Zusammen mit den Chefs der diplomatischen Vertretungen wartete ich auf der Terrasse des Gebäudes, das den großen Hof von St. Peter umschließt, auf den Rauch, der das Resultat der Wahl ankündigen sollte, das für niemand mehr eine Überraschung war. Das Konklave dauerte nur zwei Tage. Es hatte die französischen Kardinäle nach Rom geführt. Ich kannte sie alle und war sehr glücklich, sie zum Abendessen in den Palazzo Farnese einzuladen, und zwar nach den Regeln eines Protokolls, das vorschreibt, daß Ihre Eminenzen am Eingang des Palastes vom Ersten Botschaftsrat empfangen und von zwei livrierten Dienern mit Fackeln die Ehrentreppe hinauf geleitet werden, auf deren obersten Stufen der Botschafter selbst sie begrüßt. Einer von ihnen flößte uns Sorge ein: Kardinal Baudrillard, dessen Gesundheit besonders gefährdet schien. Aber gerade er war der lebhafteste, der witzigste, der gesprächigste, und ich muß hinzufügen, derjenige mit dem besten Appetit. So sehr ich ihm auch die Vorschriften seiner Ärzte ins Gedächtnis zu rufen suchte, so stürzte er sich doch mit Feuereifer auf die Gerichte und die ihm verbotenen Weine. »So wie es um mich steht«, sagte er, »hat das jetzt nichts mehr zu bedeuten.«

Ich mußte Papst Pius XII. keinen offiziellen Besuch abstatten. Er empfing mich in Privataudienz. Es war nicht die einzige Unterredung, die ich mit ihm führte. Da er erfahren hatte, daß zwei meiner Kinder ihre erste Kommunion in Saint-Louis des Français feiern sollten, empfing er sie in seinem Arbeitszimmer zusammen mit meiner Frau und mir und gab ihnen seinen Segen.

Später, als es ganz offensichtlich wurde, daß Mussolini sich darauf vorbereitete, in den Krieg einzutreten und Frankreich den ›Gnadenstoß‹ zu geben, hatte ich wiederum eine Unterredung mit dem Heiligen Vater. Ich fragte ihn, ob es noch eine Chance gebe, irgendein Mittel, den Duce zurückzuhalten, ob es dem Papst möglich sei, zu intervenieren und Mussolini davon abzubringen, eine schändliche Tat zu vollbringen. Pius XII. verbarg mir nicht, daß er alles getan habe, was in seiner Macht stand, daß der Duce aber sich weigere, ihn anzuhören, daß er seine Briefe nicht mehr lese und jede Demarche zurückweise. Er sagte mir, wie sehr ihn das schmerze, und ich konnte bei dieser neuerlichen Gelegenheit seine unendliche Güte, seine edlen Empfindungen und seine tiefgehende Menschlichkeit ebenso fühlen wie die Aufrichtigkeit und die Warmherzigkeit der Zuneigung zu unserem Lande. Ein großer Papst, ein großer Heiliger!

Das letzte Bild, das ich von ihm in meiner Erinnerung trage, zeigt ihn mir sechzehn Jahre später, wie er sich in vollendetem Französisch an die Mitglieder eines europäischen Kongresses, der in Rom versammelt war, wandte und eine begeisternde Ansprache an sie richtete, deren Text er in der Nacht zuvor ausgearbeitet hatte. Er erkannte mich und rief mich zu sich, damit ich in dem Augenblick, da die Photographen in Aktion traten, an seiner Seite sei.

Ich habe schon die große Unterstützung erwähnt, die ich bei meinen Mitarbeitern fand. Die anderen Botschafter, meine Kollegen, waren gleichfalls für mich eine wertvolle Hilfe. In ihrer großen Mehrheit hatten die beim Quirinal akkreditierten Diplomaten mit der Regierung und dem faschistischen Regime Beziehungen, die jeder Wärme entbehrten.

Man muß feststellen, daß die Regierung und das Regime, Mussolini, Ciano und die leitenden Faschisten, die Diplomaten sehr herablassend behandelten, es sei denn, es handelte sich um Vertreter befreundeter Länder, wie Deutschland, Japan oder Polen. Sie scheuten sich nicht, den übrigen eine Gleichgültigkeit zu zeigen, die noch mit Ironie gepaart war. Das erste Ergebnis dieser Haltung war, daß sie die Opfer ihrer Verachtung untereinander solidarisch machten.

Auf Lord Perth war in der Britischen Botschaft Sir Percy Loraine gefolgt, ein vollblütiger Engländer, voller Stolz und Würde, von der Kraft und Größe seines Landes überzeugt, sehr korrekt, sehr gut erzogen, dabei loyal und ehrenwert. Die Art und Weise des Duce, der regelmäßig seinen Bitten um Audienz auswich, schockierten ihn und brachten ihn zur Verzweiflung. Zu seinen Sekretären zählte Pierson Dixon, der damals am Beginn seiner Karriere stand und einige zwanzig Jahre später Botschafter in Paris werden sollte.

Der Amerikaner, William Philipps, war ebenfalls ein vollendeter Gentleman, ein kultivierter, intelligenter und feinsinniger Mensch, vorsichtig und reserviert, doch mit dem Herzen auf unserer Seite.

Mit dem Belgier, dem Grafen von Kerchove, der schon mein Kollege in Berlin gewesen war, unterhielt ich Beziehungen engen Vertrauens und aufrichtiger Freundschaft. Ich stand ausgezeichnet mit Paul Ruegger, dem Schweizer Gesandten, dessen Klarsicht, Rechtschaffenheit und unbezwingbaren Mut ich sehr schätzte. Christitch, der Jugoslawe, Bossy, der Rumäne, zu dem noch ein anderer Freund aus Berlin hinzukam, Petresco, der allerdings beim Heiligen Stuhl akkreditiert war, und Comnène Politis, der Grieche, vervollständigten unsere kleine Gruppe. Wir tauschten unsere Informationen, unsere Eindrücke, unsere Voraussagen aus und bildeten insgesamt eine zusammenhängende Gruppe von Widerständlern.

Der deutsche Botschafter war Herr von Mackensen, Sohn des Marschalls, Schwiegersohn des Barons von Neurath. Beim Tode von Bülows war er im Dritten Reich Staatssekretär im Auswärtigen Amt geworden. Seine Person war weit davon entfernt, der seines Vorgängers gleichzukommen; er hatte im übrigen auch nicht das gleiche Gewicht in der Wilhelmstraße. Er war ein gelehriger Vollstrecker von Befehlen, der sehr gut die Routine seines Handwerks kannte, im übrigen ein guter Gesellschafter. Ich hatte in Berlin dienstlich und außerdienstlich gute und ausgedehnte Beziehungen mit ihm. In Rom wurden diese Beziehungen so dürftig, daß sie fast gar nicht mehr bestanden.

Mackensen war nicht gerade der Mann, der den zusammengezogenen Augenbrauen eines Duce Trotz geboten hätte.

Die ausländischen Botschafter und Gesandten waren im aristokratischen Club von Rom, dem *Circolo della Caccia*, zugelassen, einem Club, der etwa unserem Jockey-Club entsprach. Man konnte dort die Mitglieder der oberen Gesellschaft treffen, frühere Ministerpräsidenten, ehemalige Minister, bekannte Senatoren, alle übrigens mehr monarchistisch als faschistisch. Ich wurde in diesem ebenso interessanten wie angenehmen Milieu mit der ausgesuchtesten Höflichkeit empfangen. Gerade indem man sich an Höflichkeit und Zuvorkommenheit überbot, suchte man mir zu verstehen zu geben, daß man die Haltung des Duce nicht billigte und sich weigerte, daran teilzuhaben.

Ich meinerseits war sicher, daß meine Anwesenheit in diesem ›Jagdzirkel‹ den Mitgliedern von Nachteil sein könnte, und so nahm ich davon Abstand, weiter dorthin zu gehen, nachdem ich denen, die mich am höflichsten empfangen hatten, meine Skrupel mitgeteilt hatte. Hatte ich nicht schon sehr ernste Vorwürfe auf das Haupt eines meiner alten Freunde geladen, eines deutschen Journalisten namens Philipp Hiltebrand, der seit langen Jahren in Rom lebte und bei dessen Eltern in Dresden ich einstmals, als ich sechzehn Jahre alt war, meine Ferien verbracht hatte? Hiltebrand hatte den Fehler begangen, mich bei sich zu Hause zum Tee einzuladen. Die Polizei bedeutete ihm, daß er ausgewiesen werde, wenn etwas derartiges sich wiederhole.

☆

Im Gegensatz dazu sollte ein unerwartetes Ereignis mir die Gefühle des Hofes vollständig klarmachen. An einem Morgen des Januar 1939 ließen sich zwei junge Leute in meinem Arbeitszimmer im Palazzo Farnese melden. Sie waren beide sehr elegant, mit modern geschnittenen schwarzen Jacken und gestreiften Hosen, mit Zylinder und hellen Handschuhen; sie hatten die Kleidung und das Aussehen vollendeter Gentlemen bei einem offiziellen Besuch. Einer der beiden Herren richtete an mich das Wort.

»Ich bin Prinz Louis von Bourbon-Parma, mein Begleiter ist mein Sekretär und mein Freund. Ich bin ein französischer Prinz und lege ausgesprochenen Wert auf diese Eigenschaft. Sie sind der Vertreter meines Landes. Deshalb wünsche ich, Sie persönlich von meiner in Kürze erfolgenden Hochzeit mit der Prinzessin Maria von Savoyen, der Tochter Seiner Majestät des Königs von Italien, des Kaisers von Äthiopien, in Kenntnis zu setzen und Sie zu bitten, an der Feier teilzunehmen.«

Ich dankte dem Prinzen für seine Demarche. War er, gesetzlich gesehen, Franzose? Ich war nicht sicher. Doch das hatte wenig Bedeutung. Sein Bekenntnis bewies ein Gefühl, dessen Wärme und Aufrichtigkeit gerade in diesem Augenblick einen besonderen Wert hatte und mich angenehm berühren mußte. Ich wurde mit meiner Frau zu den Feierlichkeiten der Hochzeit eingeladen. Wir hatten Ehrenplätze und wurden von dem Souverän und den Mitgliedern der königlichen Familie unter dem wütenden Blick des Duce mit größter Zuvorkommenheit behandelt. Der Präsident der Republik, M. Albert Lebrun, den ich benachrichtigt hatte, schickte den Jungvermählten ein schönes Geschenk, auf das sie nicht vorbereitet waren, und das sie mit Vergnügen und Dankbarkeit annahmen. Die Prinzessin Maria von Savoyen zeigte uns großes Entgegenkommen und die liebenswürdigste Aufmerksamkeit, die sehr beachtet wurden. Später, als Italien Frankreich den Krieg erklärte, sollte sie, zusammen mit ihrem fürstlichen Gemahl, tapfer auf der französischen Seite bleiben und ein Beispiel edelster Aufrichtigkeit geben.

Die Bevölkerung der Stadt Rom bewies mir nicht weniger Zuvorkommenheit und Höflichkeit. Nicht ein einziges Mal während des Aufenthaltes, der doch in einer ständig gespannten Atmosphäre verlief, hatte ich mich über die Bewohner von Rom zu beklagen. Niemals hörte ich, wo ich auch ging, eine beleidigende Äußerung oder ein böses Wort. Nicht ein einziges Mal trug mir die Trikolore an meinem Wagen, wenn wir Ausflüge in die römische Campagna unternahmen oder am Abend in einem Gasthof, in einer der Trattorien haltmachten und unter einem Laubengang das Abendessen zu uns nahmen, eine unangenehme Bemerkung ein. Im Gegenteil, die Bevölkerung zeigte uns meistens Sympathie. Es war gar nicht selten, daß man mir ein Lächeln schenkte oder versteckt ein freundschaftliches Zeichen mit der Hand. Mussolini täuschte sich, wenn er glaubte, das ganze Land teile seinen Franzosenhaß.

Seit der Beleidigung, die mir am 30. November im Faschistischen Großrat zugefügt worden war, und auf die das ›Niemals‹ eines Edouard Daladier folgte, seit der formellen Weigerung, eine Verhandlung aufzunehmen im Hinblick auf eine Revision der Abkommen von 1935, waren die Beziehungen zwischen Paris und Rom stets von heftigen Presseartikeln in den faschistischen Zeitungen begleitet; sie waren so frostig wie der Winter, den die Ewige Stadt in jenem Jahr zu erdulden hatte. Weder auf der einen noch auf der anderen Seite schien man geneigt, eine Verbesserung anzustreben. Auf der Seite des Quai d'Orsay lag auch kein Anzeichen vor, daß man eine Verbesserung wünsche. Frankreich war beleidigt, vergab nicht und wartete, daß man ihm entgegenkomme.

Unter diesen Umständen begab ich mich am 1. Februar 1939 zum römischen Hauptbahnhof, um dort einen Mitarbeiter und sehr guten jungen Freund zu empfangen, Armand Bérard, der in meiner Botschaft das Amt des zweiten Sekretärs übernehmen sollte. Ich suchte mit meinen Augen seine hohe Gestalt, als ich unter den ersten Reisenden, die aus dem Pariser Zug stiegen, einen Franzosen erkannte, zu dem ich gute Beziehungen hatte: Paul Baudouin, ehemaliger *Inspecteur des Finances,* nun eine der leitenden Persönlichkeiten der *Banque de l'Indochine.* Er schien mich nicht bemerkt zu haben und strebte sehr eilig dem Ausgang zu. Ich glaubte, daß er nicht verfehlen werde, mich am gleichen oder darauffolgenden Tag in der Botschaft zu besuchen oder mich telefonisch von seiner Anwesenheit in Rom zu verständigen. Aber weder an diesem noch am folgenden Tag gab er ein Lebenszeichen. Ich war verwundert, ein wenig verletzt und zugleich sehr beunruhigt; sein Benehmen war keineswegs natürlich.

Zwei Wochen vergingen, als plötzlich die Zeitung *›Humanité‹* einen heftigen Angriff auf Edouard Daladier richtete und ihn beschuldigte, eine Geheimdiplomatie zu betreiben, einen Sendboten namens Paul Baudouin zu Mussolini, einen andern, Fernand de Brinon, zu Adolf Hitler geschickt zu haben und mit ihrer Hilfe dunkle und verdächtige Verhandlungen zu führen.

Die Enthüllungen des kommunistischen Blattes waren eine Sensation. Eine große Erregung bemächtigte sich der öffentlichen Meinung, insbesondere der parlamentarischen in Paris. Die Amtsstelle des Ministerpräsidenten und das Außenministerium bereiteten dem

ein schnelles Ende, indem sie den Ausführungen der
›*Humanité*‹ ein kategorisches Dementi entgegensetz-
ten. Weder Baudouin noch de Brinon hatten in irgend-
einer amtlichen Mission gehandelt, die französische
Regierung desavouierte sie unumwunden und behauptete, nichts davon zu wissen.

Was Paul Baudouin anging, so war ich sofort in der
Lage, die Aufrichtigkeit dieses Dementis richtig einzu-
schätzen. Es war für mich klar, daß er nach Rom gekommen war, um dort ohne mein Wissen eine Demarche zu unternehmen, die geheim bleiben sollte.
Das war der Grund, warum er es vermieden hatte,
sich im Palazzo Farnese – wie er es hätte tun müssen –
sehen zu lassen. Was aber war das Ziel seiner Reise?
Was hatte man ihn beauftragt, zu sagen, oder ihn gebeten, zu vernehmen? War er vom Duce oder von
Ciano empfangen worden?

Der Quai d'Orsay enthielt sich mir gegenüber jeder
Erklärung. Man verschanzte sich hinter einem schlichten und einfachen Abstreiten der Tatsachen und beschränkte sich darauf, mir mitzuteilen, daß ich mich
nicht mit der ›Affäre Baudouin‹ zu befassen habe.
Es gab auch keine ›Affaire Baudouin‹. Sie existierte
nicht. Sie hatte niemals existiert.

Dieses absolute Stillschweigen des Quai d'Orsay versetzte mich in eine sehr unangenehme Lage und bewirkte für mich die peinlichste Verlegenheit. Da
Ciano sich nicht vorstellen konnte, daß Paris mich
über nichts informiert hatte, man mich sogar aufge-

fordert hatte, die angebliche Demarche eines Paul Baudouin zu dementieren, bezog er sich in unseren späteren Unterredungen häufig darauf. Zu wiederholten Malen machte er Anspielungen auf die Unterredung, die er mit dem Direktor der *Banque de l'Indochine* geführt, und auf die Anregungen, die ihm dieser im Auftrage der französischen Regierung unterbreitet hatte.

Jedesmal, wenn er auf dieses Thema zu sprechen kam, war ich gezwungen, ihn daran zu erinnern, daß die französische Regierung die in Frage stehende Person nicht kenne, ihr keinerlei Auftrag erteilt habe, und daß man somit dem keinen Wert beimesse, was sie habe sagen können. Ciano indessen bohrte weiter. Er präzisierte die Punkte, die Baudouin behandelt, die Vorschläge, die er formuliert hatte. Ich konnte meinem Gegenüber nur wiederholen, daß ich davon nichts wisse und nichts wissen wolle. Doch gelang es mir schlecht, meine Verlegenheit zu verbergen. Von französischer Seite wird heute noch behauptet, daß Paul Baudouin, der, ohne zu den intimen Freunden Daladiers zu gehören, dennoch sein Ohr hatte, die Aufmerksamkeit des Ministerpräsidenten auf die engen Beziehungen gelenkt habe, die er in seiner Eigenschaft als Verwalter der Salinen von Djibuti zu einflußreichen und wichtigen italienischen Geschäftsleuten besaß. Einer von ihnen hatte ihm zu verstehen gegeben, daß er bei einem Besuch in Rom eine interessante Unterredung mit Mussolini und Ciano haben könne, die

73

in einem Augenblick, da die französisch-italienischen Beziehungen äußerst gespannt waren, sehr wichtig sein könne. Baudouin war autorisiert worden, nach Rom zu fahren, doch war ihm eindeutig klargemacht worden, daß er mit keiner Aufgabe betraut sei, keinen Vorschlag überbringe und keine wie immer geartete Anregung gebe, daß im übrigen Frankreich niemals auf eine Handbreit seines Territoriums verzichten werde und daß er darüber hinaus darauf gefaßt sein müsse, schonungslos desavouiert zu werden für den Fall, daß die Nachricht von seinem Besuch veröffentlicht werde.

Von italienischer Seite stellte sich die Angelegenheit in einem anderen Licht dar. Ciano hat darüber in seinem ›Politischen Journal‹ mit dem Datum vom 28. Januar 1939 geschrieben: »Fagioli* berichtet von seiner Unterredung mit Paul Baudouin in Frankreich, dem Verwalter der Salinen des Somalilandes. Dieser soll erklärt haben, daß er von Daladier beauftragt worden sei, geheime Unterredungen mit uns zu führen. François-Poncet solle übergangen werden, denn man ist in Paris der Auffassung, daß er bei uns zu sehr in Mißkredit stehe, um solche Verhandlungen zu führen. Daladier soll bereit sein, Konzessionen auf drei Gebieten zu machen: Djibuti, Suez-Kanal und Status der Italiener in Tunis. Ich habe darüber mit dem Duce

---

* Fagioli war ein italienischer Industrieller im Range eines Bevollmächtigten Gesandten, der von der italienischen Regierung mit Aufgaben wirtschaftlicher Art betraut wurde.

gesprochen. Obwohl auch er sehr skeptisch hinsichtlich des Wertes solcher geheimer Botschafter ist, hat er mir geraten, Baudouin nach Rom kommen zu lassen und gegebenenfalls mit ihm zu sprechen ..«

Am 2. Februar notiert Ciano folgendes: »Ich empfange M. Baudouin. Er scheint diskret und distinguiert zu sein. Er erklärt, daß er am Sonntag eine Unterredung mit Daladier und Bonnet gehabt habe und in ihrem Namen spreche. Natürlich verpflichtet er weder Paris noch Rom; sein Besuch kann jeden Augenblick dementiert werden, wenn uns dies paßt. Ich fasse zusammen: Daladier hat nicht die Absicht, eine Handbreit Territorium aufzugeben; wenn wir darauf Anspruch erhöben, wäre das gleichbedeutend mit Krieg. Indessen ist er bereit, folgende Konzessionen zu machen: eine große Freizone in Djibuti, italienische Beteiligung an der Verwaltung des Hafens, Abgabe der Eisenbahn auf äthiopischem Territorium an Italien, Unterstützung unserer Forderungen bezüglich Suez, Revision der Abkommen von 1935 hinsichtlich der Italiener in Tunis, vorausgesetzt, daß wir daraus keine ›italienischen Sudeten‹ machen. Ich habe präzisiert, daß wir für die Italiener von Tunis nur eines wünschen: das Recht, Italiener zu bleiben. Ich habe mir vorbehalten, eine Antwort zu geben, wenn ich dem Duce berichtet habe.«

Am folgenden Tage, am 3. Februar, schreibt Ciano: »Ich berichte dem Duce über die Unterredung mit Baudouin. Er ist einverstanden, die interessanten Anregungen aufzugreifen. Jetzt, da es darum geht, zu Taten zu kommen, gibt es nur eine Alternative: entweder wir verhandeln auf der vorgeschlagenen Basis und verschieben die vollständige Lösung des Problems auf eine günstigere Zeit, oder aber wir wollen die Frage sofort lösen. Das wäre dann allerdings Krieg. Der Duce hat einen Bericht für den Großrat vorbereitet und liest ihn mir vor. Er ist für diplomatische Verhandlungen. Er autorisiert mich demgemäß, Baudouin zu antworten, daß wir bereit sind, seine Vorschläge in Betracht zu ziehen. Der Duce regt jedoch an, daß diese Unterredungen vom Botschafter geführt werden; ›wenn wir auf dem Umweg über einen Bankier zu einem Resultat kommen, so werden wir moralisch verdächtig.‹ Der Duce beauftragt mich darüber hinaus, Mackensen vertraulich von der ganzen Angelegenheit in Kenntnis zu setzen.

Ich spreche mit Baudouin. Er ist angenehm berührt, als ich ihm erkläre, daß sein Auftreten dazu beigetragen hat, die Verbindung wiederherzustellen, und ist sich darüber im klaren, daß er nicht für die Weiterführung der Verhandlungen in Frage kommt. Wir vereinbaren, daß er in Paris berichtet und daß die französische Regierung, wenn nichts geändert worden ist, mir offiziell durch François-Poncet wiederholen läßt, was mir Baudouin gestern gesagt hat. Wenn neue Elemente auftauchen, wird er mir über Fagioli schreiben. Ich habe noch einmal die größte Diskretion anempfohlen, weil alles in kürzester Zeit schiefgehen

muß, wenn die Presse die Nachricht von diesem Ver-
mittlungsversuch verbreitet . . .«

☆

Alles ging in der Tat schief, und zwar infolge des Ar-
tikels, den die ›Humanité‹ veröffentlicht hatte. Aber
es hätte auch gelingen und ein Beitrag zu einer Lösung des französisch-italienischen Konfliktes werden
können: Mussolini hätte mehr Bewegungsfreiheit gegenüber seinem übermächtigen Verbündeten erhalten
– wenn die Angelegenheit anders angepackt worden
wäre.

Die Episode ist auf alle Fälle nach wie vor lehrreich.
Es war gewiß weise und vernünftig, danach zu trachten, dem französisch-italienischen Zerwürfnis ein
Ende zu setzen. Wir wären vielleicht dazu gelangt,
wenn wir, wie ich es wünschte und wie Italien es vorschlug, hingenommen hätten, am Tage nach der ein-
seitigen und im übrigen beleidigenden Aufkündigung
der Abkommen von 1935 über ihre Umwandlung zu
verhandeln.

Nachdem wir dies aber verweigert hatten, war es ein
Irrtum, zuzulassen, daß in den Beziehungen zwischen
Frankreich und Italien sich eine Leere auftat, und es
war ein Irrtum zu erklären, daß wir keinen Schritt
tun würden, diese Leere auszufüllen; denn einige Monate später haben wir diesen Schritt getan. Doch der
schwerwiegendste Irrtum war, ihn so zu tun, wie

wir ihn getan haben: auf dem Weg über die ›geheime Diplomatie‹.

Die Diplomatie, die man die geheime nennt, ist die am wenigsten geheime aller Diplomatien. Wie es auch immer um die Intelligenz und den guten Willen der Sendboten bestellt sein mag, die sie verwendet (im Falle eines Baudouin waren sie sehr groß), so sind sie doch weniger geschult, unvorsichtiger und verwundbarer als die Leute vom Bau. Gerade das Ungewöhnliche macht zudem ihre Tätigkeit auffällig und ruft Mißtrauen hervor; wenn ihre Mission ans Licht kommt, bewirkt sie Aufregung, einen Skandal, der das Übel, das man heilen wollte, schlimmer werden läßt; das heilsame Ziel, das man erreichen wollte, muß ferner erscheinen und schwieriger erreichbar als je zuvor. Die normale Diplomatie ist daran gewöhnt, im stillen zu arbeiten. Niemand hat das Recht, es ihr vorzuwerfen. Es ist ihre eigentliche Rolle. Ihre Aufgabe besteht darin, daß sie, geschützt vor dem Lärm, der von der Straße heraufdringt, die Fäden knüpft und, wenn sie gerissen sind, sie wieder anknüpft und alle Wege ausfindig macht, die zu einer Versöhnung führen. Wenn Indiskretionen vorkommen, so stammen sie im allgemeinen nicht aus der Diplomatie. Im vorliegenden Falle wird man sagen können, daß der Botschafter, der Frankreich in Rom vertrat, nicht das notwendige Ansehen hatte, um ein glückliches Gelingen der begonnenen Gespräche zu garantieren. Das war nicht Mussolinis Auffassung, da er trotz den Widrigkeiten, die er diesem Botschafter zufügte, den Wunsch aussprach, die Fortsetzung des Gedankenaustausches, der von Paul Baudouin angekündigt worden war, solle ihm übertragen werden. Wenn das jedoch die Meinung seiner Auftraggeber war, wenn sie glaubten, daß sein Mangel an Ansehen an seiner Person lag und nicht an den Umständen, so wären sie verpflichtet gewesen, ihn abzuberufen.

Übrigens sollte sich bald eine Gelegenheit ergeben, den Versuch zu erneuern. Auch sie wurde nicht besser genutzt, sei es, daß der Fehlschlag der geheimen Diplomatie die offizielle Diplomatie ängstlicher gemacht hatte, sei es, daß der Lauf eines schon festgelegten Geschickes die Mitspieler des sich vorbereitenden Dramas in das Unwiderrufliche hineinriß.

Die Demarche eines Paul Baudouin hätte wenigstens dazu führen können, die Stimmung Mussolinis zu verbessern und ihn anzuhalten, Frankreich gegenüber etwas mehr Zuvorkommenheit zu zeigen. Bewies sie denn nicht, daß der französische Regierungschef trotz den ›Niemals‹, die er hinausgeschrien hatte, in Wirklichkeit einer Wiederaufnahme des Kontaktes und einer Konzession an Italien nicht absolut feindlich gegenüberstand, wie er es seit dem Vorfall im Faschistischen Großrat und seit der brutalen Kündigung der Abkommen von 1935 zu sein schien? Indessen änderte sich nichts in der Atmosphäre der Beziehungen zwischen den beiden Ländern. Sie blieb eisig. Während die Presse der Halbinsel ihre Angriffe voller Boshaftigkeit gegen uns fortsetzte, geizte der Duce offensichtlich nicht mit Beweisen seines Festhaltens an der Achse. Er beharrte darauf, seinen Soldaten den Paradeschritt beizubringen, den man ›*passo romano*‹ nannte. Aber die Soldaten hatten offensichtlich weder Gefallen an dieser ›preußischen‹ Gymnastik, noch waren sie dafür begabt. Bei den Militärparaden zeigten sie eine lächerliche Nachahmung, über die Mussolini selbst verzweifelt war; sein Gesicht war verzerrt, und er schlug vergeblich mit seinen Armen den richtigen Takt.

Eine Einzelheit charakterisiert das Klima, in dem die Beziehungen zwischen dem Palazzo Farnese und dem Palazzo Chigi sich entwickelten, besser gesagt, sich nicht entwickelten. Anläßlich der Krönung des neuen Papstes sandte Frankreich eine umfangreiche offizielle Delegation nach Rom. An der Spitze stand mein Freund Champetier de Ribes, Mitglied der Regierung. Gewohnheitsgemäß hatte ich für die Delegation ein Galadiner in der Botschaft vorbereitet und den Grafen Ciano fragen lassen, ob er uns die Ehre geben wolle, daran teilzunehmen. Nachdem er seinen Schwiegervater konsultiert hatte, antwortete er, daß er die Einladung nicht annehmen könne. Er gab sich übrigens keine Mühe, irgendeinen Vorwand oder eine Entschuldigung für seine Weigerung zu finden. Er berief sich unumwunden auf den ›gegenwärtigen Zustand der Beziehungen zwischen den beiden Ländern‹ (6. März 1939).

So standen die Dinge bis zur Hälfte des März. Doch vom 15. März an nahmen sie einen anderen Weg. Neue Horizonte taten sich auf; freilich waren sie von schweren Wolken beschattet.

★

Hitler, der seit dem Abkommen von München ungeduldig ›mit den Hufen scharrte‹, der es bedauerte, zugestanden zu haben, seinen Schwung zu zügeln und noch ein Bruchstück der Tschechoslowakei bestehen zu lassen, beschuldigte an jenem Tage ohne einen Schatten des Beweises die Regierung dieses Landes, gefährliche Machinationen gegen Deutschland zu unternehmen; er sprang auf das gröbste mit dem alten Präsidenten Hácha um und bemächtigte sich schließlich der Stadt Prag.

Er hatte seinen Partner der Achse weder benachrichtigt noch befragt. Er beschränkte sich darauf – wie er es schon im Augenblick der Besetzung Österreichs getan hatte –, den Prinzen von Hessen zu schicken, um ihn über die Operation, die er beschlossen hatte und die schon beendet war, zu unterrichten. Mussolini war äußerst irritiert und gekränkt. Er war der Auffassung, daß der Führer ihm gegenüber mit einer Herablassung, einer Unabhängigkeit, einem Mangel an Vertrauen und Rechtschaffenheit gehandelt habe, die verletzend waren. Doch er war nicht nur verletzt, er war auch beunruhigt. Es konnte ihm nicht entgehen, daß Hitler in Mißachtung seiner Versprechen gehandelt hatte, in einer zynischen Vergewaltigung des Abkommens von München, dessen Abschluß zum großen Teil das Werk Italiens war, womit Hitler einen *casus belli* heraufbeschwor.

Mussolini, das habe ich schon berichtet, war dem Gedanken an einen Krieg nicht abgeneigt, er war im Gegenteil überzeugt, daß der Krieg zwischen den faschistischen und den demokratischen Staaten unvermeidlich sei. Aber er wünschte, daß er nicht vor 1942 ausbrach. Er hatte das Hitler eindeutig erklärt. Die italienische Armee war nicht bereit. Der Feldzug nach Äthiopien und der spanische Bürgerkrieg hatten seine Mittel geschwächt, in die Bewaffnung und in seine Vorräte Lücken gerissen. Italien brauchte drei Jahre, um sich zu fangen und Kraft zu gewinnen. Um seine wahren Pläne zu verschleiern, hatte der Duce beschlossen, im Jahre 1942 in Rom eine große internationale Ausstellung zu veranstalten, die ihm harte Devisen einbringen und den Gegner einschläfern sollte. Er hatte mit den Arbeiten schon begonnen, ausgedehnte Baustellen auf der Straße von Rom nach Ostia eröffnet, er hatte andere Nationen zur Teilnahme eingeladen. Frankreich hatte die Einladung bereits angenommen und einen Generalkommissar in der Person von M. René Besnard gewählt. Als ehemaliger Botschafter in Rom hatte dieser es sehr eilig, seine Funktionen aufzunehmen, und er war erstaunt, daß ich seinen Eifer bremste und mich wenig überzeugt davon zeigte, daß diese Ausstellung jemals stattfinden werde. Hitler war über die italienischen Absichten unterrichtet und hatte sie gebilligt. Beide Diktatoren hatten verabredet, Europa drei Jahre Frieden zu lassen. Und nun kam der Deutsche daher und stieß in eigener Initiative das Programm um, dem er zuvor zugestimmt hatte, und beschwor auf diese Weise die Gefahr eines verfrühten Kriegsausbruches herauf.

Die Einstellung Mussolinis, seine Enttäuschung, seine Wut blieben nicht geheim. Gerüchte darüber sickerten durch. Sie gelangten auch zu mir. Ich schloß daraus, daß die Angelegenheit Prag ein neues und wichtiges Faktum in die Situation hineingebracht hatte. So notwendig es erscheinen konnte, dem brutalen Druck und den Einschüchterungsmanövern Mussolinis zu widerstehen, so schien es nun doch angebracht, zu versuchen, aus seiner schlechten Stimmung Nutzen zu ziehen, zu sehen, ob es nicht auf Grund seiner Unzufriedenheit möglich wäre, ihn von seinem Freund zu entfernen und uns anzunähern, indem wir nun um eine Unterredung baten, wenn schon nicht mit ihm, der keine Botschafter mehr empfing – weder mich noch die anderen –, so doch wenigstens mit dem Grafen Ciano.

Ich trug diese Auffassung dem Qai d'Orsay vor. Ich bat am 22. März ausdrücklich um die Genehmigung, den Versuch zu machen, das Eis zu brechen und Kontakte herzustellen. Es war für mich auch unerläßlich, im Hinblick auf künftige Unterredungen zu wissen, was ich sagen oder nicht sagen sollte, auf welcher Grundlage eine Annäherung verstanden und wie der Konflikt etwa geschlichtet werden könnte, der durch das italienische Dokument vom 17. Dezember 1938 und die Kündigung der Abkommen Laval-Mussolini entstanden war; denn ich wußte in diesem Augenblick nichts von dem, was vorgegangen war, welche Gedanken anläßlich des Besuches von M. Baudouin ausgetauscht worden waren.

Aber in Paris stellte man sich taub. Ich ließ nicht lokker, schickte Briefe um Briefe, Telegramme um Telegramme. Ich erhielt keine Antwort. Fast jeden Tag an diesem Ende des Monats März kam ich in den verschiedensten Formen auf das Thema zurück, wiederholte, daß der deutsche Alleingang in Böhmen in Italien einen tiefen und dauerhaften Eindruck hinterlassen hatte, daß es in unserem Interesse lag, dies zu nützen und dazu beizutragen, daß dieses Ereignis Folgen zeitige, daß wir versuchen sollten, die Bereitschaft der faschistischen Regierung, die vielleicht ein Abkommen mit uns zuließ, mit Hilfe von bescheidenen und ehrenhaften Konzessionen zu gewinnen. Ich wies auf die Anzeichen hin, die eine Änderung der italienischen Geisteshaltung uns gegenüber andeuteten: eine versöhnliche Rede, die der König-Kaiser bei der Eröffnung der Legislaturperiode gehalten hatte, ein offiziöser Artikel der ›Gazetta del Popolo‹ am

24. März, der zu einer Besprechung mit Frankreich riet, sogar eine Rede Mussolinis selbst am 26. März vor den Squadristen, in der er anerkannte, daß das Hindernis, das zur Zeit des spanischen Bürgerkrieges durch seine Rede in Genua zwischen Italien und Frankreich aufgerichtet worden war, zur gegenwärtigen Stunde weitgehend abgetragen sei.

Ich analysierte diese letzte Rede und bemühte mich, die versteckte Einladung deutlicher erscheinen zu lassen, die sie meiner Meinung nach enthielt, das Risiko auch, das darin lag, diese Einladung nicht zu beachten. Denn Mussolini konnte in der Folge uns gegenüber behaupten, daß wir die Hand, die er ausgestreckt habe, zurückgestoßen hätten, und in unserer Haltung einen Grund finden, noch weiter zu gehen in seiner Zusammenarbeit mit dem Hitler-Reich.

Aber ich fand kein Echo. Meine Argumente wurden nicht gehört. Der Quai d'Orsay reagierte nicht. Er hüllte sich in Schweigen. Ganz offensichtlich mißfiel meine Hartnäckigkeit. Um jedes Mißverständnis auszuschalten, schrieb ich am 28. März, daß ich Wert darauf lege, noch einmal klarzustellen, daß nach meiner Auffassung der indirekte Ruf des Duce nicht überhört werden dürfe, daß man ihn vielmehr einladen müsse, zu sagen, worin praktisch seine Forderungen an uns bestünden, und keine Chance auslassen dürfe, die es vielleicht gab, um ihn auf ein Minimalprogramm festzulegen. Die Freunde, die wir noch auf der Halbinsel hatten, versicherten mir im Vertrauen, daß die Gelegenheit günstig sei und eine Unterredung fruchtbar sein könne. Wenn wir nichts unternähmen, würde Mussolini sich gezwungen sehen, auf jenem Wege weiterzugehen, der unausweichlich zur Katastrophe führte.

Am 29. März hielt Edouard Daladier eine politische Rede. Man suchte darin die Antwort auf die kürzlich gegebenen Parolen Mussolinis. Was Italien anging, so erklärte Daladier, daß er sich nicht weigern werde, alle Vorschläge zu prüfen, die gemacht werden könnten. In Rom enttäuschte dieser Satz; er wurde negativ gewertet, gleichbedeutend mit einer Ablehnung. Der sowjetische Geschäftsträger erklärte mir, Graf Ciano habe ihm im Verlauf einer Audienz mitgeteilt, er sei erstaunt über die Tatenlosigkeit der Franzosen und der Engländer angesichts des deutschen Angriffes. »Man wird alles getan haben«, soll er hinzugefügt haben, »um uns jeden Tag weiter in die Arme Deutschlands zu treiben.«

☆

Der britische Botschafter Lord Perth, der in den Ruhestand trat und im Begriff stand, Rom zu verlassen, sagte mir am 20. April, er sei überzeugt, Italien wünsche eine Verhandlung mit Frankreich und diese Verhandlung könnte die Gefahr eines allgemeinen Krieges abwenden.

Zweifellos hatten die üble Verfahrensart Adolf Hit-

lers und seine Waghalsigkeit den Duce geärgert und
gedemütigt, seinen Schwiegersohn vielleicht noch mehr
als ihn selbst. Aber sie hatten zugleich auch das Unbehagen, die Unruhe, die Angst wieder aufleben lassen, die Mussolini das Benehmen seines Verbündeten
einflößte. Er wäre glücklich gewesen, wenn Frankreich ihm entgegengekommen wäre. Es hätte sogar
sein können, daß er sich dieser Tatsache nur als einer
Warnung an die Adresse Deutschlands bedient hätte,
um in Berlin klarzustellen, daß er nicht ausschließlich
in Abhängigkeit vom Reiche stand und nicht als *quan-
tité négligeable* betrachtet zu werden wünschte. Indessen verboten ihm sein Stolz, seine Rachsucht und
seine Verachtung für die parlamentarischen Demokratien – wie wir eine waren –, die Initiative zu ergreifen. Nach seiner Meinung mußten wir ihm entgegenkommen.

Aber die französische Regierung war weit davon entfernt, für den Duce etwas zu empfinden, was einem
Wohlwollen gleichgekommen wäre. Die Mehrzahl,
wenn nicht alle ihre Mitglieder haßten ihn. Die Regierung mußte auch die öffentliche Meinung im Lande
und im Parlament berücksichtigen. Das faschistische
Regime hat bei uns stets hartnäckige und unbeirrbare
Gegner gehabt. Weder in der Öffentlichkeit noch in
den Parlamenten war die Beleidigung hingenommen
worden, die uns im Faschistischen Großrat zugefügt
worden war. Die unsinnige Heftigkeit der italienischen Zeitungen hatte, auch wenn unsere Presse

vorgab, dem keine besondere Bedeutung beizumessen, doch das Volksempfinden tief verletzt und eine Entrüstung hervorgerufen, die keineswegs abgeflaut war. Wenn unter diesen Umständen eine Geste der Versöhnung gegenüber dem Faschismus getan, auch nur der Beginn einer Annäherung an Mussolini gezeigt werden sollte, so liefen der Ministerpräsident und sein Kabinett Gefahr, in die größten Schwierigkeiten zu geraten. Die Empörung, die zwei Monate vorher die Veröffentlichung in der ›Humanité‹ über den Besuch von Paul Baudouin in Rom hervorgerufen hatte, war eine Lektion, an welche die Erinnerung noch nicht verblaßt war. Sie empfahl Zurückhaltung und Vorsicht. So erklärte sich offenbar das Stillschweigen des Quai d'Orsay.

Von den gehobenen Beamten des Außenministeriums waren einige mit mir der Ansicht, daß ein Krieg möglich, sogar wahrscheinlich sei, und sie fürchteten diese Möglichkeit. Ein Mittel, ihn zu vermeiden oder wenigstens zu verzögern, lag ihrer Ansicht nach darin, Italien von Deutschland zu trennen; und das schien ihnen – wenn diese Operation denkbar war – ein Opfer wert. Doch es waren nicht viele und auch nicht die einflußreichsten, die so dachten. Die anderen blieben Mussolini feindlich gesinnt. Sie verziehen ihm seine Beleidigungen nicht. Er hatte sich mit Deutschland und mit seinem Unrecht verbünden wollen. Nun sollte er sehen, wo er blieb. Sie waren überzeugt, daß von ihm nichts Gutes zu erwarten

war. Die Forderungen, die seine Lakaien auf sein Ge-
heiß hin formuliert hatten, nicht nur bezüglich Tunesiens, sondern auch Korsikas, Nizzas und Savoyens,
waren hassenswert und skandalös. Frankreich hatte
sie zurückgewiesen, hatte seine Position bezogen; es
gab kein Zurück. Wenn der Duce etwas vorzubringen
hatte, sollte er es sagen; wenn er ein Angebot zu machen hatte, sollte er es machen. Was uns anging, so
würden wir uns nicht rühren. So war die offizielle
französische Auffassung.

Indessen überfiel Italien am 6. April, gerade während
der Osterfeiern, Albanien, ohne vorher ›Achtung!‹ zu
rufen. Die Expedition war natürlich gründlich vorbereitet. Sie war das persönliche Werk Cianos. Er
hatte sie bis in die kleinsten Einzelheiten ausgearbeitet. Sie lief ohne Panne und genau nach seinen Plänen
ab. Er sollte dafür mit der Halskette des Annunziatenordens belohnt werden, eine außergewöhnliche
Ehrung für einen Mann seines Alters. Er hatte nur
auf das Zeichen seines Schwiegervaters gewartet, um
die Expedition in Gang zu setzen. Mussolini war bis
dahin ungewiß und zögernd geblieben. Wenn er sich
in diesem Augenblick entschied, so geschah es nicht so
sehr aus dem Stolz, für die kaiserliche und könig-
liche Krone eine Provinz zu annektieren, und auch
nicht, um König Viktor Emanuel ein Vergnügen zu
bereiten, einem Kaiser, der im übrigen sehr skeptisch
hinsichtlich des Wertes dieser Erwerbung war. Es
geschah hauptsächlich, um Hitler etwas entgegenzu-

setzen, um ihm zu beweisen, daß auch er, der Duce, fähig war, einen Alleingang zu wagen, daß auch er nur auf Grund seines eigenen Willens die Initiative ergreifen konnte, die die Politik der ›Achse‹ verpflichtete.

Er hatte also das schlechte Benehmen des Führers nachgeahmt. Auch er hatte seinen Partner weder benachrichtigt noch befragt. Er setzte ihn von dem Ereignis in Kenntnis, nachdem es geschehen war. Es war eine Kundgebung der Unabhängigkeit, eine Art Rache. Es sollte bedeuten, daß er sich nicht damit abfand, in den Rang eines Satelliten zu geraten.

Die Episode war klar. Sie bestätigte meine Deutung der Ereignisse. Trotz den Enttäuschungen und Fehlschlägen, die ich erlitten hatte, fühlte ich in mir wieder jene Hoffnung erwachen, die mich dazu gebracht hatte, die Botschaft in Berlin gegen die in Rom zu tauschen, eine Hoffnung, die schon verflogen schien. Paris versteifte sich darauf, mich nicht zu hören. So wollte auch ich hartnäckig sein und den Dingen zuvorkommen.

★

Am 15. April 1939 schrieb ich an den Quai d'Orsay, es erschiene besonders bedauerlich, daß wir keinen direkten Kontakt mit der Regierung in Rom hätten: ›Auf diese Weise fehlt uns, ohne Zweifel zum größten Vergnügen Deutschlands, das Mittel, auf die Regierung irgendwelchen Einfluß zu nehmen, uns über ihre Absichten klarzuwerden, über das Ausmaß, in dem noch eine Möglichkeit besteht, den Frieden zu retten. Wenn ich meinerseits diesen Kontakt nicht wiederherstelle, so deshalb, weil ich es seit dem 15. März dieses Jahres zu wiederholten Malen angeraten habe und nicht dazu ermächtigt worden bin.‹

Dieses Mal antwortete der Minister. ›Da die französische Regierung keine Forderungen stellt, hat sie keinen Vorschlag zu formulieren. Doch hat es niemals in meiner Absicht gelegen, Ihnen jede Fühlungnahme mit der italienischen Regierung zu untersagen.‹

Der Quai d'Orsay vergaß, daß ich am 1. April davon berichtet hatte, ich hätte beim Grafen Ciano eine Demarche vor, die der Ausgangspunkt einer politischen Unterredung werden könnte, und daß ich daraufhin aufgefordert worden war (am 6. April), diese Demarche von meinem Botschaftsrat ausführen zu lassen und sie strikt auf ihren Gegenstand zu beschränken. Ich hatte also zwischen dem 1. und dem 15. April einen Fortschritt erzielt und insofern eine Genugtuung erfahren. Am 21. April legte ich den Stand der italienisch-deutschen Beziehungen, wie sie sich mir darstellten, dar. Scheinbar war die Einigkeit zwischen den beiden Regierungen enger und totaler Natur. Doch lagen auf dem Grunde dieser Zusammenarbeit Antipathie und Mißtrauen.

›Der Deutsche bringt kaum Achtung für seinen Verbündeten auf; er verdächtigt ihn der Bereitschaft zum

Verrat. Der Italiener beklagt sich über den Anschein von Überlegenheit, den sein Partner ihm gegenüber zur Schau trägt. Er unterstellt ihm Absichten der Beherrschung und der Hegemonie.. Nichts kann heilsamer sein, als wenn die Diplomatie der demokratischen Länder gegen die Eroberungswünsche Italiens, das mit Deutschland in der Achse vereint ist, eine Mauer errichtet. Doch würde man vielleicht klug daran tun, in dieser Mauer ein kleines Schlupfloch zu lassen, das Italien, wenn es sich im Kielwasser eines eroberungssüchtigen Deutschland nicht ganz wohlfühlt, einmal benutzen kann.‹

Als ich diese Zeilen schrieb, war ein Handelsabkommen von französischen und italienischen Fachleuten fertiggestellt worden. Es war bescheidener Natur, da es sich nur auf die gegenseitigen Importe von Pharmazeutika bezog. Dennoch mußte es, um gültig zu werden, die Unterschrift der Vertreter der beiden Regierungen tragen. Ich benutzte die Gelegenheit, im Palazzo Chigi mitzuteilen, daß ich das Abkommen persönlich unterzeichnen wolle.

›Unter diesen Umständen‹, antwortete Graf Ciano sofort, ›werde ich es ebenfalls selbst unterzeichnen.‹

Die Unterzeichnung fand am 25. April um 8 Uhr abends statt. Es war das erste Mal seit vier Monaten, daß wir uns trafen. Aber damit war der Faden wieder angeknüpft. Und er sollte nicht mehr abreißen. Ciano, gewiß feiner und nüancierter als sein Schwiegervater, hatte den Sinn meiner Demarche erfaßt, hatte meine Gedanken erraten. Seine eigenen Sorgen standen den meinen nicht diametral entgegen. Die Unterredung war sofort interessant und nützlich. Natürlich spielten die Pharmazeutika keine Rolle mehr. Die Unterredung betraf die Frage der französisch-italienischen Beziehungen. Ciano bedauerte, daß sie nicht besser seien, und erklärte, daß die italienischen Forderungen, Ursache der herrschenden Spannung, nichts Unvernünftiges darstellten.

Auf meine Bitte hin präzisierte er: »Eine Freizone in Djibuti, die Abtretung eines Teils der Eisenbahn nach Addis Abeba, zwei Plätze im Verwaltungsrat der Suez-Gesellschaft, eine Revision der Kanaltarife und in Tunis eine Rückkehr zum Status von 1896. M. Baudouin«, fügte er hinzu, »hat Ihnen das ja wohl schon gesagt.« Ich erwiderte, daß M. Baudouin niemals offiziell mit einer Mission betraut gewesen sei, daß die französische Regierung ihn desavouiert habe, und daß ich selbst nicht wisse, was er sagte oder hörte.

Im Verlauf der Unterredung war ich betroffen von der offenkundigen Sorge, die meinem Gegenüber die polnisch-deutschen Beziehungen, der drohende Streit bezüglich Danzig bereiteten. Entweder verfügte er über besondere Informationen oder sein Instinkt sagte ihm, daß aus jener Ecke die Gewitter drohten.

★

Ich hatte mich über die Haltung Cianos nicht getäuscht. Der rumänische Außenminister Gregor Gafenco – alarmiert durch den Einfall in die Tschechoslowakei, von dem er fürchtete, er sei nur ein böses Vorzeichen für einen Angriff auf Rumänien und das Fußfassen Deutschlands auf dem Balkan – hatte eine Reise durch die Hauptstädte angetreten. Von Paris war er nach Rom gefahren, wo er mit Ciano gesprochen hatte. Er hatte ihm mitgeteilt, daß er in den führenden französischen Kreisen hinsichtlich der französisch-italienischen Beziehungen zwei Strömungen festgestellt habe, von denen die eine bereit war zu sofortigem Gedankenaustausch, die andere für ein Abwarten, ein Reifenlassen der Dinge eintrat. Gafenco erzählte mir am 4. Mai, daß Ciano daraufhin ausgerufen habe: »Ohne Zweifel haben die ersteren recht!« Er berichtete mir ferner, der Duce habe ihn in seiner Unterredung am 6. Mai darauf hingewiesen, daß Italien keine Militärallianz mit Deutschland eingegangen sei, habe aber sofort hinzugefügt: »Jedenfalls bis heute nicht« – wie ein Mann, der im Begriff stand, seine Haltung zu ändern.

In der Tat schien die Eroberung Albaniens den Duce von seinem Rachegefühl gegenüber Deutschland befreit zu haben. Die Passivität, mit der Frankreich und England die Einnahme Prags hingenommen hatten, das Zusammenbrechen der Tschechoslowakei und sogar die Annexion Albaniens, die den Balkan in Aufregung versetzt hatte, das völlige Fehlen einer

Reaktion Frankreichs auf das Augenzwinkern, das
ihm zugedacht war, hatten in seinem sprunghaften
Geist, der unter der Einwirkung von Störungen immer bereit war, von dem einen Extrem in das andere
zu fallen, die Überzeugung von einer unheilbaren
Schwäche, einer materiellen und moralischen Deka-
denz der beiden demokratischen Mächte entstehen
lassen. So kehrte er zu der abschüssigen Bahn zurück,
die ihn Hitler entgegengleiten ließ . .

Anfang Mai berichtete die amerikanische Presse davon, daß Ribbentrop in Mailand, wo er mit Ciano
zusammengetroffen war, einen sehr kalten Empfang
erlebt habe, der bezeichnend sei für das Schwinden
der Volkstümlichkeit des Duce. Verärgert und wü-
tend gab der Duce Ciano den Befehl, den Abschluß
der Militärallianz mit Deutschland, über die die Verhandlungen seit einem Jahr ins Stocken geraten waren, zu beschleunigen. Mit dem ›Stahlpakt‹ schloß
Mussolini die engste Militärallianz, die man jemals
gekannt hatte, und die bis dahin aufgeschoben worden war; mit seinen eigenen Händen besiegelte er die
Unterwerfung, der er sich hatte entziehen wollen.

Ciano schrieb in sein Tagebuch, daß er diese Entscheidung mißbilligte und gewünscht hatte, sie zu verhindern. Wenn dies wahr ist, so hat er nichts davon mer-
ken lassen, als ich ihn am 11. Mai darüber befragte.
Beruhigte ihn vielleicht die Tatsache, daß eine der
Klauseln des Stahlpaktes festlegte, Deutschland und
Italien untersagten sich für einen Zeitraum von drei

95

oder vier Jahren, Probleme aufzugreifen, die den europäischen Frieden in Frage stellen konnten? Jedenfalls haben zu dieser Zeit weder das wachsende Mißtrauen gegenüber Deutschland noch die Neigung, wieder eine Verbindung mit Frankreich zu suchen, eine ausgesprochene Veränderung in ihm vollzogen, eine Bekehrung, die ihn in einen Gegensatz zu seinem Schwiegervater gebracht hätte. Der Beginn einer Veränderung war in seiner Haltung zu spüren; das war alles. Und ich beobachtete ihn mit meiner ganzen Aufmerksamkeit in den immer häufiger werdenden Unterredungen, die wir von nun an miteinander hatten.

Denn ich spielte eine entscheidende Partie. Mussolini hatte rings um mich einen Kreis gezogen, in dem er mich isolieren wollte. Ich hatte nur ein Mittel, auszubrechen: den Kreis mit Hilfe Cianos zu durchstoßen. Das bedeutete, daß ich Ciano belagern mußte, daß ich versuchen mußte, sein Vertrauen und seine Freundschaft zu gewinnen und vielleicht auf dem Wege über ihn dahinzugelangen, trotz allem einen Einfluß auf den Duce auszuüben.

Diese Annäherungsarbeit war in ihrer ersten Phase undankbar und schwierig. Unsere Unterredung vom 26. April hatte kein positives Resultat. Ciano war von untadeliger Höflichkeit und vollendeter Freundlichkeit. Doch unter diesem höflichen Äußeren erschien die Zurückhaltung, die Lauheit eines Menschen, der sich einem Vertreter des feindlichen Lagers gegenübersieht. Die Ausführungen blieben offiziell und konventionell. Wir tauschten Beschwerden und Vorwürfe aus. Ciano beschuldigte Frankreich und England, Italien gegenüber Einkreisungsmanöver fortzusetzen. Er beklagte sich über das englisch-türkische Abkommen, das soeben abgeschlossen worden war, und dessen Spitze, wie er behauptete, gegen sein Land gerichtet war. Er erwähnte auch die Anstrengungen, die wir seiner Meinung nach machten, um mit Sowjetrußland zu einem Einvernehmen zu gelangen (am 31. Mai). Ich erwiderte, daß er Ursache und Wirkung verwechsele.

Italien blieb uns gegenüber bei seiner unversöhnlichen Einstellung. Studenten verteilten in Turin eine stark antifranzösische Broschüre. Visa, die Italiener beantragten, um nach Frankreich zu fahren, wurden systematisch verweigert. Im Rundfunk wurde in einem Vortrag behauptet, Tunis werde noch vor 1940 italienisch sein. Unter der Leitung von Jérôme Carcopino war eine Verhandlung im Gange, um die Wiederherstellung der *Ara Pacis*, des Friedenstempels in Rom, der von Kaiser Augustus erbaut worden war, sicherzustellen. Bruchstücke von Skulpturen, die im Louvre lagerten, sollten auf Grund freundschaftlicher Übereinkunft und gegen Entschädigung zurückerstattet werden. Die Feindseligkeit Mussolinis erstreckte sich bis auf das Gebiet der Archäologie: Er ordnete an, daß die Verhandlung abgebrochen werde.

Ciano gab zu, daß sein Schwiegervater nicht immer leicht zu behandeln sei. Es fiel ihm aber leicht, mir

97

eine Liste von Beschwerden vorzutragen, die mit meiner Aufstellung parallel lief: Die Italiener werden in Frankreich schlecht behandelt; die französische Presse soll verlogene Meldungen verbreiten, dazu bestimmt, Italien lächerlich zu machen oder in Verruf zu bringen usw. Wir trennten uns nichtsdestoweniger in gutem Einvernehmen. Diese beiderseitige Offenheit hatte eine heilsame Wirkung.

☆

Am 14. Juni nahm Ciano eine Einladung zu einem Abendessen im Palazzo Farnese an. Die Öffentlichkeit macht sich gern über die diplomatischen gesellschaftlichen Verpflichtungen lustig. Das ist nicht berechtigt. Sie bieten kostbare Gelegenheiten, sich zu treffen; häufig sind sie ergiebige Nachrichtenquellen; gelegentlich haben sie den Wert eines politischen Aktes. Auch im vorliegenden Falle traf dies zu. Der Schwiegersohn des Duce kam mir einen Schritt entgegen. Er verbarg mir im übrigen nicht, daß er zu seinem Vergnügen gekommen sei. Er war begleitet von Anfuso, seinem Mitarbeiter, und von Buti, dem Direktor der Politischen Abteilung. Alle drei waren zunächst feierlich, zugeknöpft und schienen sich wenig wohl in ihrer Haut zu fühlen.

Das Diner verlief in der üblichen Art. Es brachte eine Anzahl von Botschaftern und ihre Damen mit hervorragenden Persönlichkeiten der römischen Gesell-

schaft zusammen. Die Unterhaltung war eine Salon-
konversation; sie schleppte sich hin. Und natürlich
ermangelte die Atmosphäre der Wärme. Immerhin
waren die Worte Cianos nicht ohne Bedeutung. Er
sprach von Polen und bedauerte, daß der Streit mit
Deutschland nicht geregelt werden könne. Der deutsche Vorschlag eines Durchgangs durch den Korridor
sei vernünftig. Man müsse darauf zurückkommen.
Der Minister erzählte, daß Adolf Hitler eine große
Bewunderung für Ribbentrop habe, und schien darüber erstaunt. Er fragte, ob es wahr sei, daß Hitler
schreckliche Wutausbrüche habe. Ich bestätigte das.
»Er ist dann also«, sagte Ciano, »sehr verschieden
von Mussolini, der niemals die Stimme hebt und der
sich darin gefällt, zu wiederholen, daß nichts ihn aus
seinem unerschütterlichen Pessimismus aufschrecken
kann.«
Ein diskretes Lächeln war auf den Gesichtern zu sehen, als Ciano versicherte, der Duce gerate niemals
außer sich. Jeder wußte, wie oft sein Schwiegersohn,
mehr noch als jeder andere, die Erfahrung des Gegen-
teils gemacht hatte.
Mit der Zeit wurde Ciano immer sanfter. Er wurde
nach und nach menschlich, weniger reserviert, natür-
licher. Er ließ sich mehr gehen. Zunächst mit halben
Worten und dann ganz offen teilte er sich mit. Wir
sahen uns nun jede Woche, häufig auch zweimal in
der Woche. Er bat mich, nicht zu fürchten, daß ich ihn
störe. Er empfing mich schließlich so häufig, wie ich es

nur wünschte, immerhin unter der sehr aufschlußreichen Bedingung, daß die Presse davon nichts erfahre. Es ergab sich nun zwischen uns die Gewohnheit, freimütig, ja beinahe familiär miteinander zu sprechen.

Unter der Gunst dieser Zusammenkünfte entdeckte ich einen Mann, der sehr verschieden war von dem Ruf, der ihm vorausging, und sehr viel besser als dieser. Es hieß in der Tat und zu Recht, daß er ein Leben voller Zerstreuungen führe. Er liebte die Frauen. Er wurde von ihnen gesucht, und zwar nicht nur, weil er eine der wichtigsten Persönlichkeiten des Regimes war, weil er zur Rechten des ›Allmächtigen‹ saß, sondern auch, weil er liebenswürdig war und ein netter Kerl. Man konnte ihn treffen, umgeben von einer lärmenden Jugend, die vielleicht noch nicht das Stadium der *dolce vita* erreicht hatte, aber davon nicht sehr weit entfernt und ganz gewiß nicht mit Vorurteilen belastet war. Seine Ehe war nicht glücklich. Auch das ist notorisch. Die Gräfin schätzte das diplomatische Milieu nicht. Sie empfing – und noch dazu sehr nett – Besuche, doch erwiderte sie sie nicht. Sie führte ihr Leben für sich. Dem äußeren Schein zum Trotz litt er darunter. »Sie haben Glück«, sagte er mir einmal in einer schwachen Minute, »Sie haben sehr viel Glück, wenn Sie ein Familienleben haben.«

Es wurde behauptet, Ciano sei korrupt gewesen und habe sich ungerechtfertigt bereichert. Ich glaube das nicht. Obschon er einen Untergrund von Zynismus besaß, dessen sich Faschisten wie Nazi als eines Beweises für ihre Männlichkeit und die Stärke ihres Charakters rühmten, hielt ich ihn für ehrenhaft. Er und die Seinen wurden beneidet, sie wurden mit Bosheit und Verleumdung bespitzelt, er vor allem wegen seiner Jugend, die zu der Tradition des Amtes, das er innehatte, nicht paßte. Die Freude am Geld, die man ihm unterstellte, war vielmehr eine Eigenschaft seines Vaters, des alten Admirals, eines der Helden aus dem Krieg von 1914, der eine Goldmedaille trug und Präsident des Faschistischen Großrates war.

In Nachahmung seines Herrn und Meisters ging auch der junge Ciano stets mit herausgewölbter Brust und nach vorn geschobenem Kinn. Aber im Privatleben war er weder herablassend noch anmaßend. Ich fand in ihm auch keine Spur von Bösartigkeit. Er schien mir reifer und ernsthafter, als es seinem Alter entsprach, er war fähig, die Menschen und die Dinge mit Mäßigung, mit Gleichmut und Kaltblütigkeit zu beurteilen. Wenn er kein guter Ehemann war, so war er doch ein guter Sohn und ein guter Vater.

Der Tod seines Vaters, der Anfang Juni starb, versetzte ihn in eine Trauer, die rührend war und die er nicht zu verbergen suchte. Er liebte seine Kinder und ihre Lebhaftigkeit, er beklagte sich, sie nicht oft genug um sich zu haben. Er war der Person Mussolinis zutiefst ergeben. Er bewunderte ihn. Er war seinen Befehlen völlig unterworfen.

»Gewisse Leute«, so sagte er zu mir, »möchten unbedingt sehen, daß zwischen meinem Schwiegervater und mir Reibungen, Unstimmigkeiten, wenn möglich gar Konflikte bestehen, sie warten nur auf unseren Konflikt. Das ist absurd. Es gibt nichts dergleichen und wird es niemals geben. Ich verdanke Mussolini alles. Ohne ihn wäre ich nichts. Meine Ergebenheit ist ihm ohne jeden Rückhalt sicher; ich stehe ihm bei und werde ihm stets nach Kräften beistehen. Doch gebe ich deswegen nicht jede kritische Fähigkeit auf. Ich erhalte mir meine Meinungsfreiheit und mein persönliches Urteil.«

Diese Worte, die sich mir eingeprägt hatten, sollten einen tragischen Akzent erhalten, als einige Jahre später das Drama begann, das die beiden Männer gegeneinander stellte und den Schwiegervater zum Mörder seines Schwiegersohnes werden ließ.

Ciano war ein glühender Patriot, durch und durch nationalistisch, mehr Patriot als guter Faschist. Aber auch in dieser Hinsicht hatte er seine persönlichen Auffassungen. Er vertrat innerhalb der Partei die gemäßigte Richtung. Er haßte die ›Ultras‹, die Fanatiker von der Art eines Starace oder Farinacci, er haßte ihre Affektiertheit, ihre lächerlichen Gesten, ihre vulgäre Sprechweise, ihre verrückten Ambitionen. Er schonte sie nicht. Sie rächten sich, indem sie ihn der Lauheit beschuldigten, der Weichheit, des Mangels an Glauben, und diese Vorwürfe und Verdächtigungen sollten schwer auf ihm lasten, als er vor seine Richter gezogen wurde.

Für König Viktor Emanuel hatte er keine große Verehrung. Über das Knurren dieses alten Pessimisten war er allerdings eher amüsiert als aufgebracht. Er war ihm aber weniger feindlich gesinnt als Mussolini. Niemals ließ er die Möglichkeit einer Änderung der Staatsform, die Errichtung einer Republik durchscheinen. Er blieb ebenso wie sein Vater dem Hause Savoyen, der Dynastie treu. Sehr glücklich war er, als er von seinem Souverän das Halsband des Annunziatenordens erhielt.

Schließlich war Ciano ein Außenminister, der seinem Amt gewachsen war. Er hatte eine gute Schule durchgemacht, mit Erfolg die schwierigen Examina bestanden, die eine diplomatische Karriere in Italien voraussetzt. Er war arbeitsam, ja fleißig. An seinem Schreibtisch war er stets pünktlich und in seiner Arbeit methodisch. Er studierte sorgfältig seine Akten und kannte sich in ihnen aus. Bei den Audienzen, die er den Missionschefs gewährte, schnitt er gut ab. Er verstand es, eine Verhandlung zu führen und die Vorschriften des Duce geschickt ins Werk zu setzen. Das ›Politische Tagebuch‹, das er hinterlassen und von dem er in seinem Gefängnis so sehr wünschte, es möge den Nachforschungen entgehen und erst nach seinem Tode veröffentlicht werden, gibt von ihm ein Bild, das mir gerecht erscheint. Er stellte sich darin so dar, wie er war, so wie ich ihn selbst gekannt habe. Man kann darin auch die Entwicklung seiner Gedankengänge und vor allem die Fortschritte in unseren Beziehungen verfolgen.

Man hat in diesem Zusammenhang gefragt, wieviel Glauben man diesem ›Tagebuch‹ schenken könne. Es ist möglich, daß gewisse Stellen herausgenommen worden sind, daß Ausdrücke und Urteile abgemildert wurden. Insgesamt glaube ich nicht, daß es wesentlich retuschiert oder verändert worden ist. Es ist ein authentisches und aufrichtiges Dokument. Ciano hatte auf dem Schreibtisch in seinem Ministerbüro einen großen Notizkalender zur Hand, worin er über seine Audienzen und wahrscheinlich auch ihren Verlauf, die Überlegungen, die sich daraus für ihn ergaben, Notizen machte. Ich habe gesehen, wie er in diesem Notizkalender blätterte und ihn im Verlauf unserer Unterredungen zu Rate zog. Wenn dieser Notizkalender nicht das ›Tagebuch‹ selbst darstellte, so lieferte er doch die Grundlage dazu. Daraus folgert noch nicht, daß das ›Tagebuch‹ für einen richtigen und treuen Widerschein der Wahrheit gehalten werden muß.

Es ist wie alle Werke dieser Art ein sehr persönliches und subjektives Dokument. Die Wirklichkeit wird darin nicht immer so dargestellt, wie sie war. Es ist die Wirklichkeit, wie Ciano sie interpretierte. Bedeutet das aber, daß sie mehr oder weniger von seiner Stimmung, von seinen Gefühlen und Vorurteilen gefärbt war? Es ist sicher bemerkenswert, daß der Autor des ›Tagebuches‹ fast niemals seine eigenen Worte wiedergibt, die Ausführungen, die er seinen Besuchern in den Mund legt, aber häufig nur die Antwort auf das sind, was er ihnen sagte. Die Historiker werden sich dieses ›Tagebuches‹ bedienen müssen, aber sicher mit Vorsicht und nur im Vergleich mit anderen Quellen.

★

Die beste Hilfe bei der Annäherung, die sich zwischen dem Grafen Ciano und mir vollzog, leisteten letzten Endes die Nazi selbst. Ich hatte mehr als einmal Gelegenheit gehabt, den Minister vor ihnen zu warnen, vor ihren Ansprüchen, ihrer Überheblichkeit, vor den alles verschlingenden Plänen Hitlers und vor dem unglückseligen Einfluß, den Ribbentrop auf Hitler ausübte, jener Ribbentrop, den ich für einen ganz und gar mittelmäßigen, unintelligenten Höfling hielt, trotz der Selbstsicherheit, die er zur Schau trug, dieser Mensch, der immer bereit war, den Megalomanen noch weiterzutreiben, statt ihn davon abzuhalten, seine abenteuerlichen Pläne zu verwirklichen. Ciano war ein überzeugter Vertreter einer Einigung zwischen Italien und dem Dritten Reich gewesen, er war einer der Urheber der Achse Rom-Berlin. Nach seinen Besuchen in Deutschland, wo er die schmeichelhaftesten Huldigungen und eine sehr einnehmende Gastfreundschaft erlebt hatte, war er bei Mussolini zum zähen Vertreter eines engen Bündnisses mit den Deutschen geworden.

Im Anfang wagte der Duce sich nur zögernd und furchtsam auf diesem Wege vorwärts, auf einem Weg, der ihn zwang, von weither umzukehren. Doch mit der Zeit kehrten sich die Auffassungen des Schwiegervaters und des Schwiegersohnes jeweils in ihr Gegenteil. Der erste brachte die Befürchtungen, die ihn verfolgten, nach und nach zum Schweigen, während sich der zweite durch die Haltung des ›teutonischen‹ Alliierten mehr und mehr schockiert fühlte, durch das Zurschaustellen der Überlegenheit, eine herablassende und mit Verachtung verbundene Freundschaft, eine kurz angebundene und schneidende Sprache, die Gewohnheit, souverän zu handeln, ohne im voraus die Meinung des Partners zu hören. Im gleichen Maße, in dem die Ereignisse fortschritten, verwandelte sich die ursprüngliche Sympathie in eine wachsende Abneigung. Ciano stellte fest, daß ich recht hatte, und daß meine Warnungen sich bestätigten. Von da an schenkte er mir größere Aufmerksamkeit.

Wie seine faschistischen Gesinnungsgenossen hatte auch er für sein Land den Ehrgeiz, Eroberungen zu machen. Er hatte es bewiesen, als er sich zum Vorkämpfer und zum glücklichen Vollstrecker der Annexion Albaniens machte. Er hoffte, daß das Kaiserreich, eine Schöpfung des Faschismus, dabei nicht halt machen werde. Er war von Natur aus imperialistisch. Er nahm den Gedanken hin, daß Italien und das Hitlerreich in drei Jahren mit den westlichen Demokratien in einen Krieg verwickelt werden mußten. Aber er war nicht kriegslüstern. Die Aussichten eines allgemeinen Konfliktes und all der Übel, die er nach sich ziehen mußte, erschreckten ihn. Im Grunde haßte er weder England noch Frankreich; er hatte vielmehr eine Art von Bewunderung für diese alten Nationen. Er war menschlich. Was er den Nazi und Ribbentrop vorwarf, wie übrigens auch gewissen Faschisten, war ihr Mangel an Menschlichkeit. Der Aufschub von drei Jahren, der vom Führer und vom Duce vorgesehen war, beruhigte ihn. Während dieser Zeit würden die Umstände sich wandeln, würde viel Wasser unter den Brücken hindurchfließen. Aber dann mußten auch die Nazi ihren Verpflichtungen treu bleiben.

Hier hatte er gewisse Sorgen. Er fürchtete die plötzlichen Initiativen, die Alleingänge des Führers. Der Einfall in die Tschechoslowakei hatte ihn bedenklich gemacht. Ohne Zweifel bedauerte er deswegen, daß Mussolini darauf bestanden hatte, den Stahlpakt abzuschließen. Gewisse Äußerungen Ribbentrops, die mit Beteuerungen des Friedenswillens untermischt waren, beunruhigten ihn. Mir ist aufgefallen, welchen Raum in unseren Unterredungen und in seinen Gedanken das Problem Polen, die Danziger Frage und die ständige Spannung in den Beziehungen zwischen Warschau und Berlin einnahmen. Ganz offensichtlich machten die Nachrichten, die ihm der Botschafter Attolico, mein vormaliger Kollege, ein sehr feinfühliger, klarsichtiger Mann und Friedensfreund, aus der deutschen Hauptstadt schickte, ihm sehr viele Sorgen.

Der Duce selbst hatte den Eindruck, daß die Dinge einem üblen Ende entgegentrieben, und daß irgendein

Manöver im Lager seines Gefährten sich anspann. Ende Juli kam das Gerücht auf, daß eine Begegnung in Vorbereitung sei und daß die beiden Diktatoren sich am 4. August auf dem Brenner treffen sollten. Kurze Zeit darauf jedoch hieß es, daß das Treffen nicht stattfinden werde. Hitler, so wurde behauptet, hatte abgesagt. Dagegen sollten sich nun die beiden Außenminister am 10. August in Salzburg treffen. Was hatten sie sich mitzuteilen? Ich konnte in jenem Augenblick nur rätseln. Die Informationen, die mir aus verschiedenen Quellen zuflossen, vor allem vom *Chargé d'affaires* der Sowjetunion, Helfand, besagten, daß eine Kompromißformel bezüglich der Zukunft von Danzig ausgearbeitet werden solle, und daß Ciano auf alle Fälle vom Duce beauftragt worden war, dem Führer den dringenden Rat zur Mäßigung zu überbringen, ihn zur Ruhe zu ermahnen und klarzustellen, wieviel Wert Italien auf die Erhaltung des Friedens lege.

Im Verlauf der Unterredung von Salzburg, auf die zwei weitere folgten, die am 12. und 13. August stattfanden, und zwar mit Hitler persönlich, enthüllten die Deutschen Ciano gegenüber ihre Pläne. Zunächst informierte Ribbentrop in kategorischen Worten seinen Kollegen darüber, daß Deutschland den unabänderlichen Entschluß gefaßt habe, keinem Abkommen zuzustimmen und mit Polen Krieg zu führen. Ciano erinnerte an die Klausel des ›Stahlpaktes‹, die jede Aktion dieser Art in einem Zeitraum von drei Jahren ausschloß. Er zeigte sich erstaunt, daß das Reich, wenn es Italien nun von seinem Entschluß in Kenntnis setzte, nicht von einer Absicht oder einer Hypothese, sondern von einer festgelegten Entscheidung sprach, während doch bekannt war, daß der Verbündete dem absolut widersprach. Er warf Ribbentrop vor, ihm gegenüber ein falsches Spiel getrieben, ihn belogen zu haben, als er ihn glauben machte, Deutschland werde sich in seinem Streit mit Polen mit einer Kompromißlösung abfinden. Er war schließlich entrüstet über den kalten Zynismus, mit dem sein Gegenüber durchblicken ließ, daß der *casus belli* provoziert werden würde, gänzlich gleichgültig gegenüber den schrecklichen und blutigen Perspektiven, die Deutschland willkürlich für die Welt eröffnete. Die Unterredung ging in eine Beschimpfung über. Ahnungslos hinsichtlich des Schicksals, das jeden dieser beiden Männer erwartete, verzichteten der Erschossene von morgen und der Gehenkte von übermorgen auf jede Schonung, auf jede diplomatische Gepflogenheit: In einem heftigen Zusammenprall gaben sie sich tief verletzende Worte und verließen einander, hoffnungslos verfeindet.

Am 12. und 13. August bekräftigte Hitler in Berchtesgaden die Erklärungen seines Außenministers; er präzisierte, daß er noch bis Ende August warten werde, und fügte hinzu, daß alles vor dem 15. Oktober vorüber sein werde; für den Fall, daß Frankreich und England eingriffen, was nicht sicher war, habe er die

Mittel zur Verfügung, ihnen eine vernichtende Niederlage zu bereiten. Er war also seines Erfolges völlig sicher.

In Rom wußte man weder auf der Straße, noch in der Gesellschaft, noch in den politischen Kreisen oder im Palazzo Farnese – und im Palazzo Farnese ebenso wenig wie in den anderen Botschaften –, was sich in Salzburg und Berchtesgaden zugetragen hatte, nichts von der Szene zwischen Ciano und Ribbentrop, von dem unabänderlichen Entschluß des Führers. Alles blieb geheim. Wir sollten die Sache selbst und ihre Einzelheiten erst später und vor allem erst durch das ›Tagebuch‹ Cianos erfahren. Immerhin ging in der Stadt das Gerücht um, daß das deutsch-italienische Treffen bewegt gewesen sei und daß Hitler sich im Hinblick auf Polen unnachgiebig gezeigt habe. Es wurde berichtet, Ciano habe bei seiner Heimkehr seine Freunde durch seine finstere Miene und seine pessimistischen Urteile überrascht.

Im übrigen breiteten sich Alarmstimmung und Angst in Europa aus. Die Atmosphäre war schwer, geladen mit Kriegsdrohungen. Großbritannien und Frankreich versicherten Polen ihres Schutzes, in der Hoffnung, daß die Kundgebung ihrer Solidarität Hitler beeindrucken und ihn von seinen Plänen abhalten werde. Mussolini rührte sich nicht, er verhielt sich ganz still.

Am 19. August informierte mich der englische Botschafter Percy Loraine, daß er Ciano außerordentlich besorgt gefunden habe. Er hatte den Auftrag, Ciano die Haltung der britischen Regierung darzulegen. England werde jede Lösung annehmen, die von Polen angenommen würde. Wenn Polen angegriffen würde, würde England Polen unterstützen, auf die Gefahr hin, daß England zur Verteidigung Polens mit Italien in einen Konflikt gerate.

Bei diesem Stand der Dinge platzte wie eine Bombe die Nachricht herein von dem Vertrag, den Hitler-Deutschland mit Sowjetrußland abgeschlossen hatte, mit dem Land, das bis dahin als sein hauptsächlicher Gegner gegolten hatte.

Ich hatte zwei Monate vorher Wind bekommen von dem Manöver, das sich da vorbereitete. Am 27. Juni hatte ich dem Außenministerium telegrafiert, ich glaubte zu wissen, daß eine deutsche Delegation seit einiger Zeit mit der sowjetischen Regierung verhandele, daß der General von Reichenau zu dieser Delegation gehöre und daß man Anstrengungen unternehme, den Handelsvertrag, der zur Diskussion und kurz vor dem Abschluß stehe, durch einen politischen Vertrag zu ergänzen. Die Nachricht war also richtig gewesen. Unglücklicherweise erfährt man das in solchen Fällen meist erst nachher.

In Salzburg hatte Ribbentrop seinen Gesprächspartner über die in Moskau laufenden Besprechungen unterrichtet und ihn das bald folgende Ergebnis ahnen lassen. Doch scheint Ciano daraus nicht geschlossen zu haben, daß unter diesen Umständen ein Krieg unwahrscheinlicher werde. Am 23. August begab sich Sir Percy Loraine erneut zu Ciano und stellte klar, daß der Abschluß des deutsch-sowjetischen Paktes in nichts die englische Haltung, so wie er sie definiert habe, ändern werde.

Am 24. August hatte ich selbst eine lange Unterredung mit Ciano. Ich legte ihm meinerseits die französische Haltung dar. Frankreich so gut wie England werde jede Lösung annehmen, die von Polen selbst angenommen werde. Doch werde Frankreich Polen nicht drängen, zu kapitulieren. Wenn Polen angegriffen würde, werde Frankreich getreu seinen Verpflichtungen Polen zu Hilfe eilen. Der deutsch-sowjetische Pakt könne in nichts die Haltung Frankreichs ändern. Wenn der Konflikt ausbräche, werde Frankreich bedauern, sich Italien als Gegner gegenüberzusehen, einem Lande, von dem es keine unlösbaren Streitfragen trennten. Mehr als jemals seien es die gleichen Besorgnisse, nun gerechtfertigt und vordringlich, die mich schon seit meiner Ankunft in Rom bewegt hätten: dazu beizutragen – wenn es noch möglich war –, den Frieden zu retten, indem wir den Duce dazu drängten, zu intervenieren und, wenn der Friede nicht gerettet werden könne, zu versuchen, Italien aus einem Krieg herauszuhalten, indem wir ihm zu verstehen gaben, daß ein Abkommen mit uns leicht geschlossen werden könne.

Ciano hörte mir aufmerksam zu. Sein Gesicht zeigte einen Ernst, den ich bei ihm nicht gewöhnt war. Er drückte sich aus wie ein Mensch, der aufrichtig wünscht, den Krieg zu vermeiden. Doch er sah als Lösung nur die Kapitulation Polens.

»Polen«, sagte er, »muß nachgeben. Das erste Geschoß, das abgefeuert wird, wird Polen töten. Vielleicht wird es in der Folge wieder auferstehen. Doch das Sicherste ist, damit anzufangen, nicht zu sterben. Was werden England und Frankreich tun? Sie werden einem Menschen gleichen, der mit einem Stein nach einem Löwen wirft, welcher im Begriff steht, einen anderen Menschen zu verschlingen. Der Mann wird auf alle Fälle verschlungen werden. Das Klügste unter diesen Umständen wäre, Danzig an Deutschland zurückzugeben.«

Ich unterbreche den Minister: »Sie vergessen, daß Danzig das Symbol der Freiheit Europas ist.«

In diesem Augenblick wird er am Telefon verlangt. Er geht aus seinem Arbeitszimmer und kommt kurze Zeit darauf zurück, offensichtlich noch besorgter. Er ist darüber informiert worden, daß der englische Botschafter in Berlin, Sir Neville Henderson, in Berchtesgaden beim Führer eine Demarche versucht hat. Sie ist vollständig fehlgeschlagen. Hitler hat Henderson sehr schlecht empfangen. Der italienische Botschaftsrat in der deutschen Hauptstadt, Magistrati, ein Schwager Cianos, bestätigte die Nachricht.

»Die Dinge«, sagt Ciano, »werden sehr schnell gehen, wenn es nicht gelingt, sie noch aufzuhalten.«

Ich erinnerte ihn an die Episode von München und an

die entscheidende Rolle, die Mussolini dort gespielt hatte. Ihm falle erneut die Aufgabe zu, den Frieden zu retten, Europa und die Welt vor dem Massenmord zu bewahren. Er allein sei in der gegenwärtigen Stunde dazu fähig. Er solle nicht zaudern und sich noch einmal dazwischenwerfen.

Ciano nickte zustimmend: »Man müßte Deutschland etwas bieten, so wie in München.« Er ließ durchblicken, daß er sich, was ihn betreffe, bemühen werde, den Duce zum Eingreifen zu bewegen.

Als ich mich von ihm verabschiedete, versicherte er mir, daß er in jedem Augenblick bereit sei, mich zu empfangen, wenn ich ihm irgendeine Idee vorzutragen habe, die für den Frieden von Nutzen sein könnte. Er hatte meine Anspielung auf die französisch-italienischen Differenzen und die Gelegenheit, sie zu beseitigen, nicht aufgegriffen. Für ihn war dies unter den gegenwärtigen Umständen eine Sache von sekundärer Bedeutung.

Während die Krise sich verschlimmerte und überstürzte, bewahrte die italienische Presse eine erstaunliche Ruhe. Sie entwickelte zwei Thesen. Die eine war, Italien werde bis zum Ende für den Frieden kämpfen; eine allgemeine Revision der Lage in Europa und der Gründe für die Spannung, die seit dem Friedensvertrag von Versailles herrsche, sei notwendig und unvermeidlich.

Ich berichtete am 29. August dem Quai d'Orsay und teilte meine Vermutung mit, daß Mussolini sich entweder ein Mittel aufgespart habe für eine Intervention in letzter Stunde, oder daß er sich vorbereite, neutral zu bleiben. Ich stellte fest, daß der Gedanke einer italienischen Neutralität schnell um sich griff; es werde eine Neutralität sein, der man jeden für Deutschland verletzenden Charakter zu nehmen trachten werde und die so dargestellt werde, als sei sie nur vorläufig.

Am 31. August um 11,15 Uhr suchte ich Ciano in seinem Arbeitszimmer auf. Er sagte mir, alles sei verloren. Der Krieg habe begonnen. Er sagte nichts über die Haltung, die Italien einnehmen werde. Eine Stunde später, um 12,35 Uhr, rief er mich an und sagte, Mussolini habe Frankreich und England offiziell eingeladen, sich mit Italien am 5. September in San Remo zu treffen, um gemeinsam die Bestimmungen des Versailler Friedensvertrages zu untersuchen, die der Anlaß der gegenwärtigen Schwierigkeiten seien. Er bat um eine möglichst rasche Antwort.

Am nächsten Tag, am 1. September, gab Georges Bonnet, der französische Außenminister, mir 10 Minuten vor 12 Uhr telefonisch die Antwort der französischen Regierung bekannt; sie nahm an, unter der Voraussetzung jedoch, daß Polen an der Konferenz teilnehme.

Ich übermittelte diese Antwort um 12.30 Uhr dem Grafen Ciano. Er hatte keine Einwendung gegen die Teilnahme Polens. Er bat, darauf zu dringen, daß

Warschau sein Einverständnis erkläre. Er werde seinerseits die Einladung dem Kanzler Hitler schicken. Aber was werde sich inzwischen ereignen? Das erschien ihm ganz ungewiß. Und doch war er optimistisch und machte einige Scherze über die Konferenz von San Remo. Hätte sie erst begonnen, würden wir es schon so einrichten, daß sie bis Sankt Nimmerlein dauern werde.

Indessen war in der Nacht vom 31. August zum 1. September die deutsche Armee marschiert. Sie war in Polen eingefallen, woraufhin Frankreich und England zwei gleichlautende Noten an Hitler geschickt hatten, um gegen diesen Angriff zu protestieren und darauf hinzuweisen, daß beide Länder ihren Verpflichtungen, die sich aus ihren Bündnissen herleiteten, nachkommen würden. Der italienische Ministerrat seinerseits hatte die Entscheidung Italiens bekanntgegeben – eine Entscheidung, die vom italienischen Volk mit hörbarem Aufatmen entgegengenommen wurde –, keine Initiative irgendwelcher militärischen Operationen zu ergreifen.

Am 1. September um 9 Uhr abends sprach Ciano am Telefon seine ernste Besorgnis aus (zum ersten Male in der Geschichte vielleicht wird das Telefon in allen Phasen dieser Epoche eine beherrschende Rolle gespielt haben; Krieg und Frieden hängen irgendwie an seinen Drähten). Am nächsten Tag, am 2. September um 14 Uhr, wurden Sir Percy Loraine und ich von Ciano in sein Arbeitszimmer gebeten. Der Minister erklärte, daß Hitler und Ribbentrop benachrichtigt worden seien, Frankreich und England hätten die Anregung einer Konferenz angenommen, zu der sie Polen, wie sie glaubten, hinzuziehen könnten; ein unverzüglicher Waffenstillstand müsse zugleich die Gegner auf ihre gegenwärtigen Stellungen festlegen. Hitler wolle das Angebot nicht zurückweisen. Aber er sei am Vorabend von einer britischen und einer französischen Note in Kenntnis gesetzt worden; er wünsche, ehe er dazu Stellung nehme, zu erfahren, ob diese Noten, ja oder nein, den Charakter eines Ultimatums trügen, und ob ihm Zeit bis zum nächsten Tag mittags bleibe, um darauf zu antworten. Er bat Rom, ihm eine Antwort zu übermitteln.

Ich sagte daraufhin zu Ciano: »In diesem Augenblick sind chiffrierte Telegramme nicht mehr angemessen. Verlieren Sie keine Zeit! Rufen Sie sofort M. Georges Bonnet an und telefonieren Sie danach mit Lord Halifax!«

Ciano ging sogleich auf meinen Vorschlag ein. Er rief Georges Bonnet an. Der französische Außenminister, der nichts ungenützt lassen wollte, um den Frieden zu retten, saß am Quai d'Orsay ständig neben seinem Telefonapparat. Er begann sofort die Unterredung mit seinem italienischen Kollegen und erklärte, daß die französische Note nicht den Charakter eines Ultimatums habe. Unter dem Vorbehalt der Zustimmung seines Ministerpräsidenten, Edouard Daladier, und der britischen Regierung hielt er es für möglich, bis zum 3. September mittags den Eintritt Frankreichs in den Krieg aufzuschieben.

Ciano war erfreut über die Zustimmung, die ihm wieder Zuversicht einflößte. Doch diese Hoffnung dauerte nicht lange. Er fand bei Lord Halifax, mit dem er gleichfalls die telefonische Verbindung hergestellt hatte, einen gänzlich anderen Empfang: kalt, eisig. Der englische Minister versicherte zwar, daß die an Hitler gesandte Note nicht den Charakter eines Ultimatums habe, erklärte aber, daß nach seiner Meinung die geplante Konferenz nur dann stattfinden könne, wenn zuvor die deutschen Truppen die schon besetzten Gebiete freigäben und bis zur Grenze zurückgingen. Im übrigen werde er zu diesem Punkt die Regierung Seiner Majestät befragen.

Das Gesicht Cianos verfinsterte sich. Er teilte seinem Gesprächspartner mit, es bestehe keinerlei Aussicht, daß Hitler einer solchen Bedingung zustimme. Um 19.20 Uhr teilte mir Ciano mit, die britische Regierung habe einstimmig die Meinung von Lord Halifax gebilligt und ihre Zustimmung von dem vorhergehenden Rückzug der deutschen Streitkräfte abhängig gemacht.

Mussolini war der Auffassung, daß er Hitler eine solche Forderung nicht übermitteln könne, und zog sein Angebot auf eine Konferenz zurück. Am 3. September konnte nichts mehr das Schicksal aufhalten. Der unerbittliche Mechanismus des zweiten Weltkrieges war ausgelöst.

Doch Italien nimmt nicht daran teil. Italien steht bis auf weiteres beiseite, und zwar in einer Position, die nicht Neutralität ist, sondern die Italien als ›nicht-kriegführend‹ bezeichnet.

Cianos Augen strahlen, er ist offenbar glücklich darüber. Ich war es nicht weniger. Für Ciano stellte dies die Frucht seiner andauernden Anstrengungen dar, eines langen, beharrlichen Einwirkens auf seinen Schwiegervater, einer zähen, aber diskreten Einwirkung, so diskret, daß ich sie nicht hatte vermuten können, in der er, wie er in seinem ›Tagebuch‹ aufdeckt, alle Register gezogen und seinen ganzen Kredit aufs Spiel gesetzt hatte.

Was mich angeht, so habe ich nicht die Absicht, zu behaupten, sehr viel zu diesem Resultat beigetragen zu haben. Ich habe mich darauf beschränkt, zu versuchen, die Geisteshaltung des Ministers zu beeinflussen und ihn auf das beste in seiner Aktion zu unterstützen. Dennoch bin ich berechtigt, anzunehmen, daß ich nicht gänzlich versagt habe in der Mission, die mich von den Ufern der Spree an die des Tibers geführt hat. Und dies gibt mir eine tiefe Befriedigung.

Um es klar zu sagen: ›Nicht-Kriegführung‹ hatte weder in der Geschichte sehr viele Beispiele, wenn sie überhaupt je eins hatte, noch im Völkerrecht, das bis dahin die Kriegführung oder die Neutralität kannte. Damit wurde also ein neuer Begriff, der eines Zwischendinges, eingeführt, eine noch unbekannte Spielart, nicht ohne Geschicklichkeit erfunden, die auf jeden Fall sehr wohl den Gefühlen und Absichten Mussolinis entsprach. Es bedeutete, daß Italien davon Abstand nahm, in den Kampf einzugreifen, jedoch die Waffen in der Hand hielt. Immerhin war sein Fernbleiben provisorisch und konnte in jedem Augenblick in Kriegführung umschlagen. Wenn Italien sich offiziell neutral erklärte, hätte man sagen können, es habe seinen Verbündeten im Stich gelassen, ihn verraten. Als ›nicht-kriegführend‹ blieb Italien sein Freund; es bedeutete, daß es ihm zur Seite stand, wenn es die Mittel dazu hatte, und wenn es für die Sache nützlich war, eine Sache, die beiden gemeinsam blieb. Italien würde sich nach einem Wort des Duce ›an das Fenster stellen und sich vom Lauf der Ereignisse bestimmen lassen‹. Ohne Zweifel eine geschickte Haltung, wenn auch ganz gewiß keine besonders elegante.

Mussolini war zu intelligent, als daß ihm das nicht bewußt geworden wäre und es ihn nicht brennend beschämt hätte. Er hatte sich dazu auch erst nach einem sehr harten inneren Kampf entschlossen, der ihn bald dazu trieb, sich stürmisch in den Krieg zu stürzen, bald, sich auf eine Wartestellung zurückzuziehen. Er konnte natürlich weder die Achse Rom–Berlin vergessen, die er geschaffen hatte und als das Alpha und Omega seiner Politik bezeichnete, noch konnte er die flammenden Reden verleugnen, die er während seines Besuches in der Hauptstadt des Dritten Reiches hinausgeschmettert und worin er laut und deutlich gesagt hatte, daß er seinem Freund bis zum Ende folgen werde. Er konnte auch nicht den ›Stahlpakt‹ vergessen, den er gewollt und den er mit diesem Namen bedacht hatte, und der noch keine drei Monate alt war. Der Mann, der bei dieser Gelegenheit gesagt hatte, es sei besser, einen einzigen Tag wie ein Löwe zu leben statt ein ganzes Leben lang wie ein Hammel, gesellte sich nun zu den Hammeln, und seine stolzen Worte mußten wie ebenso viele Prahlereien klingen.

Er konnte sich indes vor Hitler und vor der öffentlichen Meinung rechtfertigen. Der Führer hatte sich verpflichtet, in einem Zeitraum von drei Jahren den Frieden nicht zu stören. Mussolini hatte ihm ständig vor Augen gehalten, daß er selbst diesen Zeitraum benötige zur Wiedergewinnung seiner militärischen Kraft. Hitler hatte sein Wort nicht gehalten und entband ihn damit seines eigenen. Als der Duce begriff, daß sein Partner sich in das Abenteuer stürzen werde, hatte er ihn erneut gewarnt und ihm erklärt, daß er nicht in der Lage sein werde, mit ihm zu marschieren. Er hatte ihm sogar eine Liste aller der Mängel übermittelt, unter denen seine Ausrüstung und die Versorgung seiner Armee noch litten und die Deutschland trotz allen seinen Möglichkeiten nicht ausgleichen konnte. Bis zum letzten Augenblick hatte er Hitler beschworen, den Frieden nicht zu brechen. Wenn er auch nicht den Geist des Stahlpaktes respektiert hatte, so hatte er doch nicht den Buchstaben dieses Paktes verletzt.

Aber vor allem hatte Mussolini in seinem eigenen Land niemanden gefunden, der ein Befürworter des Eintrittes in den Krieg an der Seite der Deutschen gewesen wäre. Sein Schwiegersohn riet ihm sehr davon ab, sich auf die Schlachtfelder zu wagen. Die Kreise des Hofes waren der gleichen Ansicht. Der Kaiser-König erging sich in Darlegungen, die von bitterstem Haß auf die Deutschen zeugten. Die Armeechefs erklärten sich nicht in der Lage, eine solche Kraftprobe zu riskieren. Die Kirche stand gegen den Nationalsozialismus, den Verfolger des Christentums und des katholischen Glaubens. Das Volk schließlich, zutiefst friedliebend, das instinktiv und aus Tradition den Deutschen feindlich gegenüberstand, wies die Idee des Krieges und die Aussicht, sich ins Lager der Deutschen zu schlagen, weit von sich; so fand die ›Nicht-Kriegführung‹ ganz offensichtlich die allgemeine Zustimmung.

Daß Italien in der entscheidenden Stunde die Nazi im Stich ließ, hatte sie schockiert und empört und ihnen erneut Gelegenheit zu jener verächtlichen Herablassung gegeben, die sie Italien gegenüber so gern zeigten. Hitler hatte nichtsdestoweniger gute Miene zum bösen Spiel gemacht. Er hatte sich dazu bewegen lassen, Mussolini einen Brief zu schreiben, um ihm zu sagen, daß er nichts von ihm verlange und daß die Nicht-Kriegführung ihm recht sei. Im Grunde war er überzeugt davon, die Italiener entbehren zu können. Bei der Schlußabrechnung würde man sich schon wieder finden.

Aber was würden Frankreich und England tun? Würden sie diese ›Nicht-Kriegführung‹, die unausgesprochen eine Drohung auf Zeit enthielt, die über den Köpfen schwebte, hinnehmen? Es muß gesagt werden: Ihr vorherrschendes Gefühl war das einer freudigen Überraschung. Trotz allen Vorzeichen hatten diese Mächte nicht geglaubt, daß Mussolini im letzten Augenblick noch ausweichen werde. Daß er so weit resignierte, war in ihren Augen ein erster Erfolg, ein gutes Vorzeichen; man durfte ja nicht zu viel erwarten.

Am 9. September fuhr ich auf einige Tage nach Paris. Ich stattete dem Außenminister Georges Bonnet, dem Ministerpräsidenten Edouard Daladier, dem Präsidenten der Republik Albert Lebrun, dem Oberkommandierenden General Gamelin und dem Generalsekretär im Quai d'Orsay Alexis Lèger meinen Besuch ab. Ihnen allen setzte ich die Möglichkeit einer Wahl auseinander, wie sie sich uns bot. Wir konnten entweder Italien zwingen, aus dieser ›Nicht-Kriegführung‹, die voller Zweideutigkeit war, herauszugehen und sich offiziell als neutral zu erklären; oder

aber, wenn Italien sich weigerte, es als kriegführend ansehen und es angreifen; oder wir konnten seine Haltung hinnehmen und uns bemühen, seine Nicht-Kriegführung gewissermaßen stillschweigend in eine erklärte Neutralität umzuwandeln.

Die maßgebenden Persönlichkeiten, die ich auf diese Weise befragte, waren einhellig der Meinung – wie übrigens auch ich selbst –, daß die letzte Hypothese die richtige sei und daß es angebracht erscheine, unsere Politik danach auszurichten. General Gamelin insbesondere beglückwünschte sich, daß er die Deckung der italienischen Grenze um einige Divisionen verringern konnte. Niemand kam auf die Idee, daß Frankreich alle Vorsicht außer acht lassen und den Krieg in die Po-Ebene hineintragen könne.

Ich erläuterte meinen Gesprächspartnern, daß nach meiner Meinung das beste Mittel, die Nicht-Kriegführung zu festigen und sich zu einer Neutralität entwickeln zu lassen, darin bestehe, Italien zu beweisen, daß sein Fernbleiben vom Krieg nützlich sein und ihm wesentliche Vorteile einbringen könne. Wir hätten alles Interesse daran, Italien umfangreiche Aufträge zu erteilen, und Italien hätte ein Interesse daran, sie zu erfüllen. Für den Fall, daß meine Vorschläge angenommen würden, schien es mir wesentlich, daß diese Aufträge zum Gegenstand sorgfältig vorbereiteter Programme gemacht und von einer einzigen Dienststelle ausgearbeitet würden, die in Paris oder Rom ihren Sitz haben und die Durchführung überwachen müßte. Ich wollte vermeiden, daß französische oder italienische, mehr oder weniger qualifizierte Geschäftemacher, angelockt von dem Ruch leichten Verdienstes, sich in die Sache einmischten, in Angelegenheiten, die diskret und korrekt bleiben mußten, wenn sie der Kritik nicht mühelos Angriffsflächen bieten sollten.

Man gab mir recht, und es wurde entschieden, meine Empfehlungen zu befolgen. Man befolgte sie so gut, daß am Ende des Ministerrates ein Kommuniqué veröffentlicht wurde, in dem *urbi et orbi* bekanntgegeben wurde, die französische Regierung habe beschlossen, für Ankäufe in Italien die Summe von 5 Milliarden bereitzustellen. Auf diese Weise wurde gleich zu Beginn ein Gipfelpunkt der Ungeschicklichkeit erreicht. Ich war völlig konsterniert. Was die strenge Rechtschaffenheit anging, die bei der Vergebung der Aufträge Pate stehen sollte, so wurde sie am Anfang wohl beachtet; doch die Disziplin und die Strenge, die ich gewünscht hatte, ließen bald nach.

☆

Die ›Nicht-Kriegführung‹ sollte zehn Monate dauern, von Anfang September 1939 bis Anfang Juni 1940. Doch diese zehn Monate nahmen keinen gleichmäßigen Verlauf. Man konnte drei Perioden unterscheiden: Die erste reichte von September bis Januar, die zweite von Januar bis März, die dritte von März bis zum Eintritt Italiens in den Krieg am 10. Juni 1940.

Während der ersten Periode hörte man nichts von Mussolini, und man hörte ihn selbst nur selten sprechen. Er stand nicht auf dem vordersten Platz der Bühne, er hatte sich in die Kulissen zurückgezogen, finster und verbittert. Ohne Zweifel fiel es ihm schwer, seine Schande zu verwinden. Er ließ die Zügel in die Hände seines Schwiegersohnes gleiten, dessen Forderungen und Beschwörungen er nachgegeben hatte. Ciano geriet in das Rampenlicht. Sein Einfluß wurde auf der ganzen Linie spürbar. Der Charakter meiner Beziehungen zu ihm verstärkte sich im Sinne des *laissez-aller*, des Vertrauens und der Freundschaft. Ich traf ihn häufig. Er machte den Eindruck, als spiele er aufrichtig die Karte der ›Nicht-Kriegführung‹, so als ob auch er wünsche, daß dieser Zustand trotz seiner Zweideutigkeit – oder gerade deswegen – endgültig werde. Zwischen uns kam es zu einer Atmosphäre des stillen Einverständnisses, eines halben Komplicentums. War ich dabei derjenige, der hereinfiel? War Ciano ein ausgezeichneter Schauspieler, der den Auftrag hatte, Frankreich und England zu beschwichtigen, während der Duce die Bindung zu Deutschland aufrechterhielt? Ich stelle mir diese Frage. Nichts erlaubt mir, sie bejahend zu beantworten. Ohne daß Ciano es ausdrücklich sagte – und er sollte es niemals sagen –, war sein ganzes Benehmen das

eines Mannes, der im geheimen wünscht, Deutschland
möge aus dem Kampf nicht siegreich hervorgehen.
Nach meiner Rückkehr aus Paris unterrichtete ich ihn
über die Absichten der französischen Regierung. Er
billigte sie. Er lobte unsere Entscheidung, Italien nicht
zu brüskieren, indem wir es etwa zwangen, Partei zu
ergreifen. Er riet davon ab, markante Persönlichkeiten auf die Halbinsel zu schicken. Er empfahl Fein-
fühligkeit und Diskretion und versicherte mir, daß
ich ohne jede Schwierigkeit zum vorgesehenen Zeitpunkt das *Lycée Chateaubriand* eröffnen und die Fa-
milien nach Rom zurückkehren lassen könne.
Er teilte mir allerdings auch mit, daß Mussolini nicht
darauf verzichtet habe, am Krieg teilzunehmen. Er
blieb im Schatten, lag aber auf der Lauer, bereit, eine
günstige Gelegenheit zu ergreifen und, wenn er Hitler als Nachschub die italienische Armee brachte, zu
beweisen, daß die ›Nicht-Kriegführung‹ für ihn nie
etwas anderes war als eine taktische Maßnahme, eine
Art Kriegslist. Er hatte das auch in einer Rede vor
den alten Kämpfern erklärt: »Wenn ihr mich wieder
auf dem Balkon auftauchen seht, seid beruhigt: Es
wird nicht geschehen, um die Situation nur zu überprüfen!«
Ciano war daher nicht frei von Sorge. Der Einfall in
Polen hatte ihn in verschiedener Hinsicht beunruhigt.
Er fürchtete zunächst, der Duce könne die Stunde
für gekommen erachten, in den Krieg einzugreifen.
Nachdem er in diesem Punkt sicherer geworden war,

mußte er feststellen, daß das Verschwinden Polens den Weg zum Frieden nicht geebnet hatte, daß der Krieg lang und zäh sein werde. Würden Frankreich und England ihn gewinnen? Er stellte sich diese Frage nicht ohne Besorgnis.

Ich erinnerte ihn an den Präzedenzfall im Kriege 1914/18. Der Angreifer war fatalerweise zu Beginn der Operation im Vorteil. Aber die Franzosen und die Briten hatten den längeren Atem und sollten die Situation doch meistern. Ciano war gleichermaßen in Furcht vor deutschen Initiativen. Er fürchtete, Hitler werde auf dem Balkan auftauchen und sich mit Hilfe der Ungarn auf Rumänien stürzen. Die Möglichkeit des Eindringens dieses Riesen in ein Gebiet, das Italien sich reserviert hatte, erschreckte ihn.

In einer Unterredung, die ich am 25. September im Anschluß an die Ermordung Calinescos, des rumänischen Ministerpräsidenten, hatte, sprach er sich über seinen Alliierten des ›Stahlpaktes‹ in Ausdrücken aus, die jeder Sympathie entbehrten. Er machte sich über die Dummheit Ribbentrops lustig, wobei er mit Bedauern zugab, daß sein Stern immer noch im Zenit stehe. Er geißelte die Grausamkeit Himmlers. Er stimmte zu, als ich ihm sagte, Hitler sei von einer Art angeborener Unfähigkeit, jemals einen Vertrag zu achten oder ein Versprechen zu halten. Er lächelte, wenn er mein Bonmot hörte, das ich ihm in der Folgezeit noch häufig wiederholen sollte: »Wer von Hitler ißt, stirbt daran!« Die Teilung Polens, die sich anbahnte, entrüstete ihn. Das Abkommen Hitlers mit Stalin hatte ihn im Grunde seiner Seele erschüttert. »Ich kann nicht vergessen«, sagte er, »daß die deutsch-italienische Freundschaft mit der Unterzeichnung eines Antikominternpaktes begonnen hat!« Etwas später lenkte er meine Aufmerksamkeit auf Japan und war erstaunt, daß England und wir selbst die Unzufriedenheit nicht nutzten, die das deutsch-russische Abkommen in diesem Land hervorgerufen hatte. »Macht doch schnell«, sagte er, »ihr laßt euch den Rang ablaufen!«

Im Verlaufe dieser Periode wurde Frankreich weniger schlecht behandelt; doch fehlte noch viel, daß man hätte sagen können, es werde gut behandelt. Wenn Frankreich gut behandelt wurde, konnte Italien Vorwürfen, vielleicht sogar Drohungen seitens Deutschlands ausgesetzt sein, und Italien hatte keinerlei Lust, diese Gefahr zu laufen. Die faschistische Partei war nach wie vor äußerst streitsüchtig und veranstaltete unfreundliche, um nicht zu sagen beleidigende Kundgebungen und das, obwohl der vollkommen besessene Starace sein Amt als Stabschef der Milizen an Ettore Muti, einen Freund Cianos, hatte abtreten müssen. Mehrere andere seiner persönlichen Freunde, Pavolini, Riccardi, Ricci, erhielten ebenfalls Ministersessel. General Pariani, den er nicht mochte, wurde durch Soddu ersetzt, den er schätzte.

Zur gleichen Zeit hatte die Presse, die sich allerdings weiter brutal zeigte, immerhin den Ton gemäßigt. Die

Beamten im Palazzo Chigi waren etwas zugänglicher. Der Palazzo Farnese wurde häufiger besucht. Auf wirtschaftlichem Gebiet wurden die vorgesehenen Bestellungen ausgeführt. Sie sollten sich eigentlich nur auf Rohstoffe oder Material erstrecken, das keinerlei militärische Verwendung zuließ. Aber diese Vorschrift wurde mit größter Weitherzigkeit angewandt. In Wirklichkeit lieferte Italien Lokomotiven, Eisenbahnwaggons, Lastwagen, Stahlbehälter, Schul- und Beobachtungsflugzeuge, sogar Explosivstoffe und Minen. Die Schiffahrtsgesellschaften verzeichneten mehr Buchungen, als sie zum verdoppelten Tarif vornehmen konnten, die italienischen Wertpapiere erlebten eine fortgesetzte Hausse an der Börse.

Ein Umstand trug dazu bei, meinen Beziehungen zu Ciano eine etwas persönlichere Note zu verleihen: der Tod seiner Schwester Maria. Sie war die Frau des Grafen Magistrati, der im Range eines bevollmächtigten Ministers stand und wichtigster Mitarbeiter des Botschafters Attolico war. Meine Frau und ich hatten sie in Berlin sehr gut gekannt. Sie war eine elegante und bezaubernde Persönlichkeit, doch sehr zart und von angegriffener Gesundheit. Es wurde behauptet, sie habe, um ihre Linie zu wahren, immer weniger gegessen und erst zu spät die Gefahr erkannt, in die sie sich begab. Nachdem sie schon zu tief in diesen Abgrund geglitten war, soll sie wirklich an Unterernährung gestorben sein.

Ciano, in seinem großen Familiengefühl, hatte sie

innig geliebt. Da sich dieser neue Trauerfall kurze Zeit nach dem Tode seines Vaters ereignete, war er zutiefst bewegt. Er bezeugte mir die lebhafteste Dankbarkeit, daß wir trotz allem, was uns trennte, an seinem Kummer teilnahmen, daß wir uns vor der sterblichen Hülle seiner Schwester verneigt, daß wir Blumen gebracht hatten und am 23. Oktober nach Livorno gefahren waren, um an den Beisetzungsfeierlichkeiten teilzunehmen.

Diese waren auch Anlaß zu einer merkwürdigen Szene: Auf dem Weg von der Kirche zum Friedhof ging ich zusammen mit den übrigen Diplomaten hinter dem Sarge. Ich war in diesem Trauerzug an die Seite des deutschen Botschafters von Mackensen gestellt worden. Als ich selbst Botschafter Frankreichs in Deutschland war, hatte ich ihn häufig besucht, hatte mit ihm und den Seinen sogar persönliche Beziehungen gehabt. Natürlich trafen wir uns, seitdem unsere Länder sich im Kriegszustand befanden, nicht mehr; wir kannten uns also nicht. So gingen wir Seite an Seite, ohne ein Wort zu wechseln. Doch diese Stille schien meinen Nachbarn zu bedrücken. Denn plötzlich hörte ich ihn mit leiser Stimme, fast ohne die Lippen zu bewegen, sagen: »Lieber Poncet, warum haben Sie Berlin verlassen? Das hätten Sie nicht tun sollen. Der Führer sagt, daß Sie den Krieg hätten verhindern können, wenn Sie dagewesen wären.« »Glauben Sie nur das nicht«, antwortete ich in der gleichen Weise, »gerade weil ich wußte, daß der Führer auf mich nicht mehr hörte, habe ich Berlin verlassen.« Und wir setzten, stumm wie die Fische, unseren melancholischen Weg fort.

✳

Wenn auch der Streit, der Ciano und Ribbentrop am 10. August während des Treffens in Salzburg in heftigen Gegensatz gebracht, bei jedem von beiden eine bittere Erinnerung hinterlassen hatte, so entband dieses die beiden Minister doch nicht, sich in Ausübung ihrer Ämter zu treffen. Nachdem Hitler durch die Niederlage Polens erreicht hatte, was er wollte, glaubte er, England und Frankreich würden nun nicht mehr an einem Krieg, dessen Anlaß verschwunden schien, festhalten. In seinen Augen bestand nun die Möglichkeit, Frieden zu schließen. So erschien es ihm als gute Politik, diese Möglichkeit zu ergreifen. Selbst wenn diese Demarche zu nichts führte, würde Deutschland es sich als Verdienst anrechnen, sie versucht zu haben. Also wurde Ciano eingeladen, am 1. Oktober nach Berlin zu kommen, um Mussolini zu informieren und ihm in großen Zügen die Rede bekannt zu geben, die Hitler halten wollte. Es war dies das erste Mal seit der Erklärung der ›Nicht-Kriegführung‹, daß Ciano bei Hitler und Ribbentrop war.

Ribbentrop empfing seinen Kollegen so, als ob nichts geschehen sei, sogar mit einem Übermaß von Freundlichkeit. Hitler spielte den großen Herrn, ersparte dem Besucher Vorwürfe, verbarg ihm aber nicht seine

Enttäuschung, wobei er die Erklärungen, die ihm gegeben wurden, hinnahm oder hinzunehmen schien.

Als ich Ciano wegen dieser Episode befragte, war er sehr reserviert und geizte mit Auskünften. Es war aber offenkundig, daß er nicht an einen Erfolg der Initiative des Führers glaubte, ja damit zufrieden war, wenn sie tatsächlich zu nichts führte. Demgegenüber legte er Wert darauf, die Geisteshaltung Hitlers darzustellen, der ihm sehr selbstsicher erschienen war, sehr stolz auf die Leistungen seiner Truppen und überzeugt davon, daß Großbritannien und Frankreich den schrecklichen Schlägen, die er auszuteilen sich vorbereitete, nicht standhalten würden. Ciano war sichtlich beeindruckt. In dieser Hinsicht beunruhigte ihn die Untätigkeit der französisch-britischen Armeen. Er verstand sie nicht. Er vermutete irgendeinen verborgenen Plan, den er nicht erfassen konnte. Er zweifelte aber nicht daran, daß sich ein fürchterlicher Zusammenprall vorbereitete.

Dies war auch meine Meinung. Wir erwarteten dieses Ereignis von einem Tag zum andern, während der *drôle de guerre* weiterging. So geriet ich denn auch in tiefes Erstaunen, als ich im Verlauf einer kurzen Reise nach Paris in den ersten Januartagen feststellte, daß die führenden Männer in der Hauptstadt nicht nur keinen großen Schlag für die allernächste Zeit vorbereiteten, sondern sogar der Auffassung waren, daß überhaupt keine große Schlacht stattfinden werde.

Ende Dezember hatte der Quai d'Orsay ein Gelbbuch

veröffentlicht, das vom französischen Standpunkt aus die Geschichte der Vorkriegsjahre darstellte. In diesem Werk wurde auch eine Depesche wiedergegeben, die ich an das Ministerium gesandt hatte, um über meinen Abschiedsbesuch bei Hitler zu berichten, den Besuch in dem merkwürdigen ›Adlerhorst‹, 2000 m hoch in den bayerischen Alpen, wo ich, als erster Botschafter, ihn zu besuchen die Ehre hatte. Die Depesche enthielt Einzelheiten, Kommentare und Einschätzungen, die nicht dazu angetan waren, dem Reichskanzler zu gefallen, die ihn im Gegenteil verletzen und ärgern mußten, wenn sie ihm jemals unter die Augen kamen. Und nun verbreitete man sie in der Öffentlichkeit!

Ich beklagte mich bitter über eine Handlungsweise, die ganz im Gegensatz zu allen Gepflogenheiten stand und die beschlossen und ausgeführt worden war, ohne daß ich auch nur benachrichtigt worden wäre. Der hohe Beamte, demgegenüber ich meinen Protest aussprach, antwortete mir, daß er mich wirklich nicht verstehe. Das Gelbbuch stelle für mich doch eine ausgezeichnete Reklame dar, ich solle doch glücklich sein über die Veröffentlichung! Als ich erwiderte, es sei überflüssig und unklug, den persönlichen Kredit zu schädigen, den ich bei Hitler nicht ohne Schwierigkeiten erlangt habe, und auf den ich eines Tages – man wisse es ja nie – vielleicht einmal zurückgreifen wolle, rief mein Gegenüber aus:

»Hitler? Aber der ist doch fertig! Sein Schicksal ist besiegelt. Von dem werden wir nichts mehr hören!«

»Wenn Sie ernsthaft glauben, was Sie sagen«, antwortete ich völlig verwirrt, »so beneide ich Sie. Denn ich selbst fürchte, daß wir noch viel von ihm hören werden.«

Der Gedanke, daß die deutsche Wehrmacht nicht zur Offensive überging, weil sie dazu unfähig sei, weil der Führer sich im eigenen Land einer wachsenden Opposition und großen Schwierigkeiten gegenübersehe, die er nicht überwinden konnte, daß auf diese Weise der Krieg von selbst und ohne Kampf zu Ende gehen werde, dieser Gedanke spukte nicht nur in einigen Gehirnen, er wurde fast allgemein in den führenden Kreisen geglaubt. Wie konnte man sich so weitgehend täuschen? Welchen gefälschten oder verdächtigen Nachrichten maß man Bedeutung zu? Wer war der Verantwortliche für eine solche Blindheit? Ich wußte nicht, was ich dazu sagen sollte, und bin noch heute davon betroffen.

☆

Die Beruhigung, die auf den Eintritt Italiens in den Zustand einer ›Nicht-Kriegführung‹ folgte, blieb bis zum Ende des Jahres 1939 erhalten. Sie wurde begünstigt durch die einmütige Entrüstung, die der Angriff Sowjetrußlands auf Finnland im italienischen Volke wachrief. Für die Römer war es häufig ein indirekter Hieb auf die Deutschen, wenn sie Rußland, das ja der Partner Berlins geworden war, angriffen.

Die französisch-britischen Beziehungen zu der faschistischen Regierung waren indessen nicht wolkenlos. Die Engländer übten im Mittelmeer eine enge Kontrolle der Schiffahrt aus, von der die italienischen Schiffe nicht ausgenommen wurden. Sie legten ein Embargo auf die nach der Halbinsel eingeführten Kohlen – eine Quelle von Zwischenfällen, zu Beginn harmlos, aber unangenehm, mit der Zeit häufiger und schwerwiegender. Ein hoher Beamter, der Bevollmächtigte Minister Pietromarchi, wurde beauftragt, diese Zwischenfälle zu registrieren. Man bediente sich ihrer, um die empfindliche öffentliche Meinung aufzustacheln und eine gewisse Abneigung gegen die Alliierten zu schüren. Vor allem sollte man sich ihrer später bedienen, als es darum ging, ein Gegengewicht gegen die Sympathie zu finden, die König Viktor Emanuel stets gegenüber Großbritannien bekundet hatte, also wenn es darum ging, ihn zur Intervention zu bekehren.

Die Frage, die alle Geister bewegte, war jedoch die, ob und wann die deutsche Offensive stattfinden werde. Denn man war übereinstimmend der Auffassung, daß die Deutschen zuerst angreifen würden. Mitte November glaubte man allgemein, der entscheidende Zeitpunkt sei gekommen; aber es war ein falscher Alarm. Wenn jemand hartnäckig überzeugt war, daß Adolf Hitler eine alles zerschmetternde Offensive beginnen werde, so war es Mussolini. Zu dieser Zeit schwankte er noch zwischen der Anziehung und Drohung einerseits, die von seinem Komplicen ausgingen, und dem Ressentiment andererseits, das er gegenüber dem Führer empfand, durch dessen Schuld er in eine unerträgliche Lage geraten war. Daneben wirkten die Unzufriedenheit, die durch die Ansprüche auf Südtirol und den Balkan entstanden war, und schließlich die Wut, in die ihn die deutsche Presse mit ihren Anspielungen auf den italienischen Verrat versetzte. Er war deswegen nicht weniger davon überzeugt, daß der deutsche Angriff stattfinden werde, daß Hitler ihn vorbereitete und daß er die Mittel anhäufte, um seine Gegner zu zerschlagen, wie er Polen zerschmettert hatte. Wenn diese Stunde kommen werde, dann war der Duce entschlossen, aus der ›Nicht-Kriegführung‹ herauszugehen und sich zu rehabilitieren, dem Freund zur Seite zu treten, dem er ewige Treue geschworen hatte. Mit diesem verband ihn wahrscheinlich ein persönlicher und geheimer Kontakt, über den er von den Absichten des Reiches informiert wurde, was auch die Siegesgewißheit erklärt, von der er stets erfüllt war.

Teilte er seinem Schwiegersohn alle Nachrichten mit, die bei ihm eintrafen? Man möchte daran zweifeln. Denn seit der Unterredung von Salzburg waren die Deutschen Ciano gegenüber mißtrauisch geworden; es ist wahrscheinlich, daß sie verlangten, ihm gegenüber das Geheimnis zu wahren. Und dennoch behinderte Mussolini seinen Außenminister keineswegs in seiner Haltung und in der Politik, die er verfolgte.

Am 16. Dezember hielt Ciano im Faschistischen Großrat eine lange Rede, die er sorgfältig vorbereitet hatte und auf die er sehr stolz war, weil er darin keinerlei Anspielung auf die Achse gemacht und sich der Sowjetunion gegenüber sehr wenig liebevoll geäußert hatte. Er glaubte, daß er auf diese Weise seine antideutschen Gefühle habe durchscheinen lassen. Hatte die Öffentlichkeit ihn richtig verstanden? Ich bin nicht sicher. Ciano selbst war erstaunt, daß meine Komplimente nicht begeistert waren. Wie dem auch sei, diese Rede stellte den Höhepunkt des Zeitabschnittes seines Einflusses dar.

☆

Das neue Jahr brachte in der Tat eine gründliche Änderung der Atmosphäre mit sich. Der Duce ergriff plötzlich wieder das Steuer. Sein Wiederauftauchen auf der Szene wurde deutlich durch ein Anwachsen der Franzosenfeindlichkeit und der Deutschenfreundlichkeit in der Presse. Ganz offensichtlich waren dem Ministerium, das von nun an Pavolini leitete, Anweisungen gegeben worden. Genug mit der Vorsicht, Schluß mit der Zurückhaltung! Zum Teufel mit den Alliierten! Die Zeitungen veröffentlichten – wie früher – haßerfüllte und gemeine Artikel, in denen besonders Frankreich schlecht wegkam. Auf eine Vorstellung der Deutschen hin verbot Mussolini, den

Alliierten noch irgend etwas zu liefern, was für Kriegszwecke nützlich sein konnte. Die faschistische Partei, die bis dahin verhältnismäßig ruhig geblieben war, agitierte und wurde anmaßend. Muti schickte trotz den Empfehlungen, die ihm von Ciano zugegangen waren, Informationen und Anweisungen an seine Truppen, deren Ton martialisch und drohend war und der in völligem Widerspruch zum Begriff der ›Nicht-Kriegführung‹ stand. Man gewann den Eindruck, der Duce wolle sich im Hinblick auf eine in Kürze erfolgende Offensive beeilen, die öffentliche Meinung aufzustacheln. Er warf sich vor, sie zu lange in Schlaf gewiegt zu haben, und bemühte sich, ein Klima zu schaffen, das dem Volke eine Teilnahme am Krieg erträglich oder sogar wünschenswert erscheinen ließ. Tatsächlich ging am 19. Januar das Gerücht um, die Wehrmacht stehe im Begriff, zum Angriff überzugehen und sich auf die Alliierten zu werfen. Doch wie schon im November erwies sich auch diesmal die Nachricht als unrichtig. Später sollte man erfahren, daß die deutsche Offensive abgeblasen worden war, nachdem ein deutscher Flieger mit wichtigen Dokumenten abgestürzt und in die Hände der Gegner gefallen war. Die Kampagne einer moralischen Vorbereitung auf den Krieg wurde dafür umso intensiver. Im Februar versuchte Sumner Welles, Sonderbotschafter des Präsidenten Roosevelt, Mussolini einige Ratschläge zur Mäßigung zu geben. Der Duce nahm sie mit betonter Lauheit entgegen. Die Warnung, die

darin enthalten war, konnte seine Aufmerksamkeit
nicht mehr wecken.

In meinen Besprechungen mit Ciano, die nach wie
vor häufig waren und ihren freundschaftlichen Charakter behielten, beklagte ich mich bitter über die so
schnelle und brutale Entwicklung, die ich mit Besorgnis beobachtete; ich machte auf die persönliche Rolle,
die Mussolini darin spielte, aufmerksam, auf seine
unablässigen Bemühungen, die Atmosphäre zu ver-
giften.

Mein Gegenüber bestritt nicht, daß meine Vorwürfe
berechtigt waren. Ich hatte den Eindruck, daß er die
Haltung seines Schwiegervaters und die Pläne, die dahinter steckten, bedauerte; aber er wollte wohl nicht
den Anschein erwecken, als ob er sie tadele oder sich
von ihnen distanziere. Immerhin ließ er über die Gesundheit des Duce einige eigenartige Bemerkungen
fallen, als ob er daran zweifle, daß dieser in einer
normalen Verfassung sei. In der Stadt ging man in
dieser Hinsicht noch weiter und schrieb die Erregung,
die Mussolini zeigte, gesundheitlichen Gründen zu,
die im Zusammenhang mit einer alten Krankheit
stünden. Einmal um diese Zeit bin ich ihm auf der
Straße nach Ostia begegnet. Ich war zunächst erstaunt, daß er allein auf einem Klappsitz seines
Wagens saß, – wie man mir später sagte, um leichter
aus dem Wagen springen zu können, wenn er angegriffen würde. Dann überraschten mich auch seine
Korpulenz, sein dicker Hals, den er eingezogen zwi-

schen den Schultern trug, der finstere und blindwütige Ausdruck seines Gesichtes.

Ciano versuchte, mich zu beruhigen, mich zu überzeugen, daß die Kundgebungen der Feindlichkeit, denen Mussolini, die Zeitungen und die Partei sich überließen, keinerlei Bedeutung hätten, daß sie der verdrängten und enttäuschten Kriegslust, den virulentesten Elementen des Faschismus als Sicherheitsventil dienten, im Grunde sich aber nichts geändert habe und die Politik der ›Nicht-Kriegführung‹ fortgesetzt werde.

Ich hatte es nicht versäumt, die Frage einer Regelung der französisch-italienischen Schwierigkeiten erneut zur Sprache zu bringen und unsere Gespräche auf das Gebiet der italienischen Forderungen zu lenken. Was verlangte Italien, genau genommen? Was erwartete es von Frankreich? Womit wollte es sich zufrieden geben? Ich beharrte bei meiner Auffassung, daß eine kleine Chance bestehen bliebe, Italien in der ›Nicht-Kriegführung‹ festzuhalten, wenn man ihm die Genugtuungen gewährte, die es wünschte – vorausgesetzt natürlich, daß sie nicht übertrieben waren –, um ihm so jeden Grund und jeden Vorwand zu nehmen, in den Krieg einzutreten.

Aber Ciano antwortete mir nicht. Er folgte mir nicht. Er lenkte die Unterredung nicht in diese Richtung. Der Gegenstand schien ihn nicht zu interessieren. Er ließ erkennen, es sei nicht der Mühe wert, in eine solche Diskussion einzutreten, er sei sicher, daß sie zu nichts führen werde. Erst in den allerletzten Wochen, die dem Eintritt Italiens in den Krieg vorausgingen, antwortete er auf meine dringenden Bitten. Und auch da geschah es nur, um mir zu sagen, daß es zu spät sei, daß keine Konzession und kein Verzicht, denen wir vielleicht zustimmen würden, den Gang der Dinge noch aufhalten könnten, nicht einmal dann, wenn sie über das hinausgingen, was Paul Baudouin angeboten hatte.

Im Augenblick hieß die Sprachregelung nicht etwa, die Hypothese einer Verständigung der beiden Länder zu erörtern, sondern sie zurückzuweisen oder ins Lächerliche zu ziehen, so, wie es am 30. Januar die Zeitung ›Popolo d'Italia‹ in einem bezeichnenden Artikel mit den ›Avancen‹ Frankreichs tat.

Diesen angeblichen Avancen stand eine fast ununterbrochene Folge übler Machenschaften gegenüber. Um jene Zeit begannen die Studentenumzüge, von denen ich schon gesprochen habe, zu einer regelmäßigen Angelegenheit zu werden, und um diese Zeit wurde auch der Sarg unter meinem Fenster spazierengefahren, der mit der französischen Fahne bedeckt war. Mit dem Gouverneur von Rom, dem Fürsten Borghese, hatte ich Verhandlungen über den Bau einer Straße aufgenommen, die durch eine weitläufige Besitzung führen sollte, welche ein großzügiger Elsässer namens Strohlfern Frankreich vermacht hatte. Im Austausch sollte die Stadt Rom am Rande dieser Avenue einen Palazzo errichten, der dazu bestimmt war, unsere Bot-

schaft beim Vatikan zu beherbergen. Die Verhandlungen entwickelten sich günstig. Es stand zu hoffen,
daß sie zu einem guten Ende kamen. Da verbot
Mussolini ihre Fortsetzung. Die Oper von Neapel
hatte auf ihrem Programm eine Aufführung des
›Aiglon‹. Jacques Ibert, Direktor der Villa Medici
und Komponist dieses Werkes, sollte selbst dirigieren.
Der Duce legte sein Veto ein. Französische Touristen
wurden auf dem Petersplatz festgenommen, weil sie
ein Exemplar des ›Osservatore Romano‹ in der Hand
trugen, der als umstürzlerisch angesehen wurde. Ich
mußte wiederholt Demarchen unternehmen, um die
Freilassung von Landsleuten zu erwirken. Man
konnte meinen, man sei zu den Zeiten zurückgekehrt,
da der Direktor des *Lycée Chateaubriand*, M. de
Montera, auf einer Reise nach Sizilien von der Polizei
verhaftet worden und als *persona ingrata* ausgewiesen worden war. Mehreren Journalisten widerfuhr
übrigens das gleiche.

Diese systematischen Quälereien hatten offensichtlich
das Ziel, die öffentliche Meinung in Italien aufzuput-
schen und gegen Frankreich zu richten. Das gelang
aber nur in sehr geringem Ausmaße. Die Bevölkerung
zeigte sich keineswegs bewegt. Sie bewahrte ihre Kor-
rektheit, ihre Freundlichkeit und Liebenswürdigkeit.
Die Zahl der Empfänge im Palazzo Farnese nahm
ständig zu. Die Vorträge, die dort gehalten wurden,
hatten wachsenden Erfolg zu verzeichnen. Der riesengroße Herkules-Salon erwies sich als zu klein, um

die Menge der Zuhörer zu fassen, und auf dem Platz vor dem Palazzo hatte man niemals so viele Wagen gesehen.

☆

Im März 1940 wurde es offenkundig, daß die Ereignisse sich überstürzten. Am 10. März kam Ribbentrop in Rom an. Er überbrachte eine Botschaft Hitlers. In dieser Angelegenheit führte er mehrere Unterredungen mit Mussolini in Gegenwart von Ciano. Im Verlauf dieses Besuches wurde vereinbart, daß der Führer und der Duce sich acht Tage später am Brenner treffen sollten. In der Öffentlichkeit wurde davon nichts bekannt. Aber niemand täuschte sich, ein jeder empfand, daß eine verhängnisvolle Zeit begonnen hatte, daß Entscheidungen von höchster Wichtigkeit bevorstanden. Unbehagen und Angst verbreiteten sich in der Stadt.

Ich versuchte von Ciano zu erfahren, was vorgegangen war, vorgehen sollte, und was der Grund des angekündigten Zusammentreffens am Brenner war. Der Minister wich meinen Fragen aus und ließ meine Neugier unbefriedigt. Er gab mit halben Worten zu verstehen, die deutsche Offensive werde bald stattfinden, woraus man jedoch nicht unbedingt schließen müsse, die italienische Regierung werde ihre Einstellung ändern. Bezüglich der Zusammenkunft am Brenner war er bei seiner Rückkehr, am 20. März, nicht freigebiger mit Nachrichten. Er blieb reserviert und ausweichend, versicherte mir, daß in unmittelbarer Zukunft kein Theatercoup zu befürchten sei, und daß der Dialog vom Brenner keine bemerkenswerte Änderung der Lage nach sich ziehen werde. Aber er überzeugte mich nicht. Gerade seine Reserviertheit, seine Zurückhaltung und die Verlegenheit, die er dabei verriet, zeigten mir, daß er einen Teil der Wahrheit verbarg und daß die beiden Diktatoren einen Entschluß gefaßt, ein Programm angenommen, ein Abkommen besiegelt hatten, die ihm die größten Sorgen bereiteten.

Worum konnte es sich handeln? Ohne Zweifel hatte der Führer den Einfluß wiedergewonnen, den er früher auf seinen Komplicen besaß, und ihn im Verlauf einer großen Versöhnungsszene zu seinen Plänen bekehrt. Das mindeste, was man vermuten konnte, war, daß auf dem Brenner der ›Stahlpakt‹, der einen Riß zeigte, repariert und wieder geschweißt worden war. Ciano widersprach mir nicht.

»Mussolini«, sagte ich, »ist dickköpfig. Er hatte auf das deutsche Pferd gesetzt. Heute verdoppelt er den Einsatz. Er hat unrecht. Das französisch-britische Pferd braucht längere Zeit, um in Trab zu kommen; aber schließlich wird es gewinnen. Das wird wieder einmal eintreten!«

Ciano schüttelte den Kopf und verharrte in Schweigen. Später erfuhr man die Wahrheit. Ribbentrop hatte am 10. März den Duce und seinen Schwiegersohn davon unterrichtet, Adolf Hitler werde binnen kurzem den

Armeen des Reiches den Befehl zum Angriff geben, er verfüge über 200 Divisionen, ›um Frankreich und England die größte Niederlage ihrer Geschichte‹ beizubringen. Der Führer hatte die Erklärungen seines Ministers bestätigt und ergänzt. Er hatte ein packendes Bild der Land-, See- und Luftstreitkräfte skizziert, die er in die Schlacht werfen werde und denen die Alliierten nicht würden widerstehen können.

Mussolini gegenüber hatte er sich sehr geschickt gezeigt. Er warf ihm keineswegs seine Haltung in der Vergangenheit vor. Er bat ihn auch nicht, nun mit ihm zu marschieren. Er sagte ihm, daß er die Gründe für sein Fernbleiben verstehe; eine Kriegführung Italiens hätte ihn eher behindert; sie hätte nur einen Sinn gehabt, wenn sie England und Frankreich dazu gebracht hätte, den Kampf aufzugeben; das sei jedoch nicht der Fall gewesen. Heute wolle er ebenso wenig auf Mussolini einwirken; doch er sei sicher, daß der Duce, der für Lehren aus Tatsachen empfänglich sei, sich nun freiwillig an seine Seite stellen werde.

Ganz offensichtlich gerührt von so viel Seelengröße, beeindruckt auch von der Kaltblütigkeit, der Entschlossenheit und der Siegesgewißheit, die aus den Worten Hitlers sprachen, hatte der Duce seine eigene Haltung erklärt, seine Treue beteuert und versprochen, an der Seite des Reiches in den Krieg einzutreten, nicht ohne sich indes die Wahl des geeigneten Zeitpunktes vorzubehalten.

146

In Rom waren diese Einzelheiten unbekannt. Was man wußte oder erriet, war, daß Führer und Duce sich ausgesöhnt hatten und daß Deutschland im Begriff stand, gegen die Front der Alliierten eine machtvolle Offensive zu beginnen. Was man befürchtete, war, daß Mussolini Italien in diesen Krieg treiben könne; man hoffte noch, daß letzten Endes die Vorsicht überwiegen und er in seiner ›Nicht-Kriegführung‹ verharren werde.

Diese Abstufung in den Auffassungen der öffentlichen Meinung fand ich auch in meinen Unterredungen mit Ciano. In unseren Beziehungen war keine Veränderung eingetreten. Er war mir gegenüber gleichmäßig liebenswürdig, wie auch gegenüber meinem britischen Kollegen Percy Loraine, den er oft und gern empfing. Indessen neigte er weniger als zuvor dazu, offen zu sein oder einen Scherz zu machen. Er war nachdenklich und offensichtlich besorgt. Der Ton seiner Worte hatte sich gewandelt, war der eines Menschen geworden, der den Einfluß, den er eben noch besaß, plötzlich verloren hatte und mit Bedauern sah, wie die Dinge sich entwickelten. Wenn er behauptete, Italien werde nicht von dem Wege abweichen, den es sich vorgezeichnet hatte, dann bemerkte man die Anstrengung, mit der er eine Lektion wiederholte, an die er selbst nicht mehr glaubte.

Am 21. April tauchte Mussolini nach langer Abwesenheit wieder auf dem Balkon des Palazzo Venezia auf – ein bedenkliches Zeichen für seine Pläne. Am 22. April fragte ich bei Ciano an, ob ich mich am 25. und 26. April nach Mailand begeben könne.

»Ja!« antwortete er.

»Und kann ich am 18. Mai zur Biennale nach Venedig fahren?«

Er zögerte etwas, ehe er sagte: »Ja, vermutlich.«

Er wußte also Dinge, die er mir nicht mitteilen wollte. Es sah auch so aus, als habe er nicht mehr das gleiche Vertrauen in die militärische Stärke Frankreichs und Großbritanniens. Bis dahin war er der Auffassung, daß es von Hitler recht waghalsig sei, beiden Ländern gegenüberzutreten. Er war jetzt in seinem Urteil zögernd. In dieser Hinsicht hatte ihn der Feldzug in Norwegen betroffen gemacht und enttäuscht. Sein Glaube war erschüttert.

Es kam vor, daß er zynische Bemerkungen machte, die man bei ihm nicht gewöhnt war, Anspielungen auf die ›Karte des Krieges‹, nach der letzten Endes die Haltung Italiens sich richten werde.

»Wenn Sie siegen«, erklärte er mir am 29. April, »dann wird nichts passieren. Im andern Falle kann ich für nichts garantieren.«

Anläßlich des Osterfestes war der letzte Staatssekretär im Auswärtigen Amt Wilhelms II., von Kühlmann, nach Rom gekommen. Ich kannte ihn sehr gut. Natürlich versagte er sich, da wir im Kriege waren, einen Besuch bei mir. Doch hatte er bei Tisch neben einer Dame gesessen, die er für eine Rumänin hielt, die aber französischer Nationalität war. Sie übermittelte mir seine Ausführungen. Er hatte ihr etwa folgendes gesagt:

»Wir werden die Franzosen sehr bald angreifen. Die Kämpfe werden kurz sein. Frankreich wird nicht standhalten. Seine Armee ist in einem bejammernswerten Zustand. Die Soldaten nehmen Urlaub, wenn es ihnen paßt, und kehren zu ihren Einheiten zurück, wenn sie meinen, ihr Urlaub habe lange genug gedauert. In den Reihen der französischen Armee herrscht eine große Unordnung. Sie ist nicht in der Lage, wirklich Widerstand zu leisten.«

Ich hatte diese Ausführungen aufgezeichnet und nach Paris geschickt, wobei ich hinzufügte, daß es erstaunlich sei, wenn ein Mann von der Intelligenz eines Kühlmann solche Dinge behaupte.

In Paris begann man langsam die Augen aufzumachen. Man gab die absurde Idee auf, der Krieg werde ohne Schlacht und mit einem Sieg der Alliierten, sozusagen in Ermangelung eines Feindes zu Ende gehen. Man gab zu, daß eine deutsche Offensive großen Stiles bevorstehe; man erwartete sie mit einer Mischung von Selbstvertrauen und Furcht. Ich erstattete einen Bericht über die Folgerungen, die nach meiner Meinung aus dem Treffen am Brenner gezogen werden mußten, und über meine Unterredungen mit dem Grafen Ciano. Ich nahm an, daß übereinstimmende Informationen aus den anderen Hauptstädten und Beobachtungszentren eingetroffen seien. Die Regierung und die Militärbefehlshaber waren also gewarnt und konnten somit von dem Unwetter, das sich da zusammenbraute, nicht überrascht werden.

Zugleich und – das muß offen gesagt werden – sehr spät wurde das Interesse für die italienische Halbinsel wach; es geriet sogar in die vorderste Reihe der Sorgen. Ein Eintritt Italiens in den Krieg würde keine entscheidende Wirkung auf die Lage haben; aber es würde sie komplizieren; und so vertrat man die Auffassung, es sei wünschenswert, den Kriegseintritt zu verhindern. War das noch möglich?

Die Freunde, die Italien in den politischen und parlamentarischen Kreisen im Palais Bourbon und im Palais Luxembourg besaß, wurden tätig. Sie drängten die Regierung, einen Beauftragten nach Rom zu schicken, der Kontakt aufnehmen sollte mit Mussolini, um mit ihm ein Abkommen auszuhandeln, ihn zu überzeugen, in der Haltung der ›Nicht-Kriegführung‹ zu verbleiben. Die Pariser Presse schrieb offen darüber und bezeichnete Pierre Laval als einen besonders qualifizierten Unterhändler wegen der guten Beziehungen, die er zum Duce hatte.

Daraufhin bat Ciano mich zu sich und ereiferte sich mit einer Lebhaftigkeit, die ich nicht oft bei ihm gesehen hatte, gegen die riesige Ungeschicklichkeit, die Paris seiner Meinung nach beging. Wenn man öffentlich vorschlug, der Duce möge seinen deutschen Partner fallen lassen – was war das für eine Dummheit! Und wie kindisch! Es war das beste Mittel, das

Gegenteil zu erreichen und ihn ganz in die Arme des Führers zu treiben. Wenn Frankreich aber auf der Absicht bestehen sollte, einen Beauftragten nach Rom zu schicken, so würde Mussolini ihm die Tür vor der Nase zuschlagen.

Am 10. April teilte er mir die Instruktionen mit, die Guariglia, dem italienischen Botschafter in Paris, zugestellt worden waren, um ihn aufzufordern, die französische Regierung von einer Demarche abzuhalten, die im voraus zum Scheitern verurteilt wäre.

Als Ciano in der Folge feststellte, daß der Plan nicht aufgegeben war und daß immer noch die Frage akut sei, jemanden in besonderer Mission nach Rom zu schicken, wiederholte er mir noch eindeutiger und klarer die Auffassung seines Chefs. Der Duce habe keinerlei Neigung für Unterredungen, die sich nach einer guten Mahlzeit an einer Tischecke vollzögen, und sei absolut entschlossen, keine französische Persönlichkeit, wer immer sie sei, zu empfangen, auch nicht M. Pierre Laval.

Natürlich übermittelte ich diese kategorische Erklärung dem Quai d'Orsay, wobei ich absichtlich die Anspielung auf M. Pierre Laval und auf die Verhandlung über die Abkommen von 1935 beiseiteließ, um den ehemaligen Ministerpräsidenten nicht zu verletzen. Dieser sollte deswegen nicht weniger überzeugt bleiben, daß ich mich seiner Reise nach Rom widersetzt hatte, und mir dafür einen langdauernden Groll bewahren.

In der Nacht vom 10. auf den 11. Mai, genau um 5 Uhr morgens, teilte der Botschafter von Mackensen Ciano und Mussolini mit, daß die deutsche Offensive in einer halben Stunde beginnen werde. Ciano gab die Nachricht an mich weiter. Seine Mitteilung schloß mit den Worten: »Seien Sie siegreich! Die Haltung Italiens wird von den militärischen Ereignissen abhängen.«

Schon am nächsten Morgen wurde eine Schrift, die jede einzelne Demütigung aufzählte, die die Blockade der italienischen Marine zugefügt hatte, verbreitet und allen ausländischen Journalisten in Rom übermittelt.

Am 13. Mai ließ sich Ciano mir gegenüber in einer Art von Gefühlsausbruch gehen. Er gab mir zu verstehen, daß alle seine Sympathien auf unserer Seite lägen.

»Die Deutschen«, sagte er, »greifen überall an. Die Schlacht wird schwer sein. Sie wird wochenlang dauern, vielleicht monatelang. Die ganze Zukunft Europas hängt davon ab.« Auf seinem Tisch lag der Text der Rede, die Winston Churchill im Unterhaus gehalten hatte: »Der da spricht die richtige Kriegersprache. Das ist die Sprache, wie Clemenceau sie führte!«

Ich hatte den ersten Botschaftssekretär nach Paris geschickt, um am Quai d'Orsay nachzufragen, ob man der Auffassung sei, daß noch irgendeine Demarche bei Mussolini versucht werden solle oder könne.

Gerade war Jean-Paul Garnier in der Hauptstadt angekommen, als er schon das ganze Ausmaß der Niederlage erfuhr, die wir gerade erlitten hatten und die das Land der deutschen Invasion freigab. Am Quai d'Orsay wurden Kartons aus den Fenstern geworfen und die Archive auf den Rasenanlagen des Ministeriums verbrannt. Er kehrte in größter Eile nach Rom zurück und setzte mich ins Bild. Die Nachrichten, die er mitbrachte, waren so niederschmetternd und so unglaublich, daß einige meiner Mitarbeiter sich weigerten, sie für wahr zu halten, und den Überbringer des Defätismus und der Panik beschuldigten. Sogar Charles-Roux, der soeben berufen worden war, in Paris den Posten des Generalsekretärs Alexis Lèger zu übernehmen, realisierte nur unvollständig die Schwere der Katastrophe, die über uns hereingebrochen war. Ich war gezwungen, seine letzten Illusionen zu zerstören.

Von nun an gab es keinen Zweifel mehr für mich: Der Eintritt Italiens in den Krieg war sicher. Nichts konnte den Duce davon abhalten. Einer nach dem anderen, Winston Churchill, Präsident Roosevelt, Edouard Daladier, Paul Reynaud, versuchten, ihm in persönlichen Botschaften abzuraten, mit den Deutschen gemeinsame Sache zu machen. Keine einzige dieser Beschwörungen berührte ihn. Er stieß sie voller Verachtung zurück. Ciano, der mich über den Wert der französischen Generäle befragte, so als ob er noch eine Umkehr des Geschickes, ein plötzliches Wiederaufleben für möglich hielte, ließ mir keine Hoffnung. Mussolini stand auf der Seite Deutschlands und wollte ihm seine militärische Hilfe geben. Nur eine Frage erhob sich noch: Wann, in welchem Augenblick, wird er zuschlagen? Ciano war in der Lage, mir zu versichern, daß sich bis Ende Mai nichts ereignen werde.

»Danach kann das italienische Eingreifen jeden Tag erfolgen.« Am 18.Mai riet er mir, das *Lycée Chateaubriand* zu schließen.

Als ich noch einmal mit ihm die Frage der italienischen Forderungen erörtern wollte, wehrte er mit einer Geste ab: »Ihre Bemühung ist nutzlos.« Selbst wenn man dem Duce Tunis, Korsika, Savoyen anbot, würde er nicht mehr auf den Krieg verzichten. Das ging aus unserem Gespräch hervor.

Im übrigen mehrten sich die Anzeichen einer bevorstehenden Mobilisierung. Vom 20. Mai an bereitete ich ohne großes Aufsehen die Abreise der französischen Kolonie und der Botschaft vor, damit es im letzten Augenblick weder Unordnung noch Durcheinander gäbe. Im *Lycée Chateaubriand* wurden die Preise in der gewohnten Form verteilt. Der Zeitpunkt der Examina wurde vorverlegt, damit alle Arbeiten bis zum letzten Tage des Monats beendet waren. Ich riet allen, die es konnten, vor allem den zahlreichen Theologen, die es in der französischen Kolonie gab, nach Frankreich zurückzukehren. Meine Sorge war es, meinen Landsleuten so weit wie möglich eine Internierung in Gefangenenlagern zu ersparen. Ciano hatte mir versprochen, die Rückkehr der Franzosen zu erleichtern, und er hielt sein Versprechen. In Zusammenarbeit mit seinen Dienststellen legte ich auch eine Liste der Personen an, die mich im Ernstfall im Diplomatenzug begleiten durften. Im übrigen wurde ich davon unterrichtet, daß drei Züge auf dem Bahnhof von Rom-Ostia bereitstünden.

Indessen blieb das italienische Volk ruhig. Es gab kein Anzeichen einer kriegerischen Begeisterung. Man war entsetzt über den Einfall in Belgien, der im Widerspruch zu dem Vertrag stand, der dieses Land schützen sollte. Von da an nahm man die Nachrichten von der Front mit Trauer, mit Sorge und sogar mit Bestürzung entgegen. Kein feindseliger Aufschrei gegen Frankreich oder England wurde laut. Die Propaganda, die die Masse begeistern sollte, verpuffte. Das Volk reagierte ebenso wenig auf die flammenden Reden wie auf eine zweite Broschüre, die den Mißbrauch der Blockade Italiens durch die Alliierten aufzeigte. Die Aussicht auf einen Sieg Deutschlands und des Germanentums erfreute die Masse so wenig wie die auf eine bevorstehende Teilnahme am Kriege. Das Volk ertrug die Dinge, da es nichts sah, was unter diesen Umständen noch möglich war, außer sich den Anordnungen und Entscheidungen des Duce zu unterwerfen.

Auch die Kreise, die sich im September 1939 dem Kriegseintritt Italiens entgegengestellt hatten, der

König, der Hof, die Armee und die Kirche, auch sie wurden von den Ereignissen mitgerissen. Die niederschmetternden Erfolge Hitlers, der Zusammenbruch der Alliierten schienen Mussolini rechtzugeben. Wie sollte man sich dem entgegenstellen? Seine Voraussagen wurden wahr. Er hatte richtig gewählt. Man mußte ihm folgen.

Die Kirche wurde nicht mehr gehört. Der Heilige Vater hatte es mir bestätigt. Er hatte keinerlei Einfluß mehr auf den Duce, der seine Briefe nicht mehr las. Die Beziehungen zwischen dem Vatikan und dem Faschismus waren so schlecht wie nie zuvor.

Immerhin gab es am Hof und in der Armee noch Zögernde – der Marschall Badoglio gehörte zu ihnen –, die darauf hinwiesen, der Krieg sei nicht beendet, man liefe Gefahr, bei einer Verlängerung des Krieges die Mittel Italiens zu überfordern, die Intervention der Vereinigten Staaten von Amerika könne sehr wohl das Gesicht und den Ausgang des Krieges ändern. Diese Ansicht fand kein Echo. Die vorherrschende Meinung war, ein Wiedererstarken der Alliierten sei unmöglich, der deutsche Sieg daher als sicher und kurz bevorstehend anzusehen.

Unter diesen Umständen mußte die italienische Anstrengung begrenzt sein. Aber sie gestattete Italien, auf der Friedenskonferenz vertreten zu sein, um seine Interessen wahrzunehmen und daraus seine Vorteile zu ziehen. Das war eine zu starke Versuchung, um ihr nicht nachzugeben. Diese Meinung war fast einmütig. Wenn es Fälle gibt, in denen der ›heilige Egoismus‹ legitim erscheint, so war dies bestimmt einer. Darüber hinaus war Deutschland zu fürchten. Wenn Italien sich ein zweites Mal entzöge und sich weigerte, Hilfe zu leisten, könnte Hitler Italien dafür bestrafen und als Feind behandeln. Italien wollte also in den Krieg eintreten gewissermaßen aus einer Notwendigkeit heraus und mit einem Gefühl, das sich eher aus Resignation als aus Überzeugung herleitete.

Am 9. Juni hatte ich gegen Mittag eine lange Unterredung mit Ciano. Er sprach so mit mir, als sei es unsere letzte Unterhaltung. Frankreich sollte seiner Meinung nach einen Separatfrieden schließen. Ich hatte ihm gesagt und ich wiederholte es, daß Frankreich ein reines Gewissen habe, daß es bis zum Ende für die Ehre kämpfen und allen Eventualitäten widerstehen werde.

Der Minister beharrte nicht auf seiner Meinung. Er bedeutete mir, daß er mich in Kürze zu sich bitten werde, um mir den Bruch zwischen unseren beiden Ländern mitzuteilen. Er fügte hinzu, daß er selbst stets die Achtung Frankreichs und meiner Person bewahren werde. Ich antwortete, daß ich ihm und Italien gegenüber die gleichen Gefühle hätte. Aber Italien schlüge den falschen Weg ein. Italien sei im Begriff, sich einen Herrn auszuwählen, der es die Härte seiner Hand fühlen lassen werde. ›Wer von Hitler ißt, stirbt daran!‹ Die wirkliche Aufgabe Italiens sei es doch, das Gleichgewicht in Europa herzustellen gemäß einer Formel, die Mussolini selbst oft verwendet habe: Frieden der Gerechtigkeit. Diese Aufgabe werde Italien nur erfüllen, wenn es Frankreich schone und mit ihm zusammenwirke, um einen lateinischen Schwerpunkt zu schaffen, ein Gegengewicht gegen die nordische Masse der Germanen und gegen die Slawen.

Ciano beendete die Diskussion, die keinen Sinn mehr hatte. Als er mir die Hand drückte, hatte ich noch einmal den Eindruck, daß seine Gedanken von den meinigen nicht weit entfernt waren, daß er aber keine andere Rolle mehr sah oder sehen wollte als die eines Büttels.

Am nächsten Tag, dem 10. Juni, rief er mich um 16.30 Uhr an und bat mich in den Palazzo Chigi. Er empfing mich sofort. Er trug die Uniform eines Fliegermajors. Ich hatte den Eindruck, daß er sich weniger wohl in seiner Haut fühlte als gewöhnlich: »Sie wissen, um was es geht«, sagte er. Ich antwortete, daß es keiner großen Intelligenz bedürfe, um es zu begreifen: »Ihre Uniform ist beredt genug. Sie haben mir im übrigen im voraus angekündigt, was kommen wird.«

Ciano übermittelte mir daraufhin im Namen seines Königs die Kriegserklärung Italiens.

»Somit«, sagte ich, »haben Sie gewartet, bis wir am Boden liegen, um uns nun einen Dolchstoß in den Rücken zu versetzen. An Ihrer Stelle wäre ich darauf nicht stolz.«

Ciano errötete: »Mein lieber Poncet, alles das wird

nur kurze Zeit dauern. Wir werden uns bald wieder am grünen Tisch treffen.«

»Vorausgesetzt«, erwiderte ich, »daß Sie noch am Leben sind.« Und ich fügte hinzu, daß ich gern die Gründe wüßte, aus denen Italien uns den Krieg erkläre.

»Sie wissen sie ebensogut wie ich«, erwiderte der Minister. »Es geschieht auf Grund der Verpflichtungen, die wir übernommen haben.«

»Ich kann mich aber«, sagte ich, »nicht damit abfinden, einen Italiener als Feind anzusehen. Nach dem Kriege wird das europäische Leben wieder beginnen. Es wäre unverantwortlich, zwischen Italien und Frankreich einen Graben voll Blut auszuheben.«

Mit diesen Worten trennten wir uns, beide gleichermaßen bewegt. Wir sollten uns niemals wiedersehen.

☆

Am 11. Juni verließ ich die Stadt, die schon den Verdunklungsvorschriften unterworfen war. Der neu ernannte Botschafter beim Heiligen Stuhl, Wladimir d'Ormesson, hatte zusammen mit der Comtesse d'Ormesson und mit dem Botschafter der Vereinigten Staaten und Mrs. Philipps – beide sehr entgegenkommend und voller Herz – Wert darauf gelegt, uns auf dem Bahnhof zu verabschieden. Bis zum letzten Augenblick im Palazzo Farnese und noch auf dem Bahnsteig erschienen Römer aller Klassen, Freunde und Unbekannte, um uns ihre Sympathie zu bekunden.

Viele von ihnen hatten Tränen in den Augen. Die Behörden übertrafen sich an Zuvorkommenheit. Die drei bereitgestellten Züge hatten zahlreiche Schlafwagen und Speisewagen. 350 Landsleute stiegen in diese Züge ein. Für mich hatte man einen Wagen bereitgestellt, der, wie es hieß, früher für Reisen des Papstes bestimmt gewesen war. Die Beamten des Ministeriums, die uns begleiteten, und das Personal, das uns bediente, wetteiferten an Zuvorkommenheit und Liebenswürdigkeit. Wir hätten uns für Reisende oder Pilger halten können, die mit der Sorgfalt einer ausgezeichneten Reiseagentur behandelt wurden.

In Domodossola bekamen die Dinge ein anderes Gesicht. Die französischen Behörden hatten das Beispiel Italiens nicht nachgeahmt. Weit davon entfernt, die Zusammenfassung und Repatriierung der diplomatischen und konsularischen Beamten der Halbinsel zu unterstützen, hatten sie sie im Gegenteil zurückgehalten und schikanierten sie. Das hatte zum Ergebnis, daß mir mitgeteilt wurde, unsere Reise werde so lange unterbrochen werden, bis die Gegenseitigkeit voll gewahrt sei und die Italiener die Grenze überschritten hätten.

Dieser erzwungene Aufenthalt von 350 Personen in Waggons auf dem Bahnsteig eines Bahnhofes wurde bald der Anlaß unangenehmer Schwierigkeiten, die nach vier Tagen geradezu unerträglich wurden. Nach langwierigen Verhandlungen erreichte ich, daß unser Zug weiterfahren konnte, wenn ein Dutzend von uns,

Konsuln und Vizekonsuln, als Geiseln zurückblieben, bis die Durchfahrt ihrer italienischen Kollegen gesichert war. Ich brauchte die Geiseln nicht zu bestimmen. Sie stellten sich freiwillig und wurden in einem angenehmen Hotel des Ortes untergebracht.

Auf diese Weise ging die Reise weiter. Wir durchquerten die Schweiz, wo wir auf das liebenswürdigste empfangen wurden und wo unser Generalkonsul in Lausanne, Arvengas, uns mit rührender Sorgfalt umgab. Dann durchquerten wir Savoyen und fuhren in Tarascon über die Rhone, wobei wir uns unterwegs von denjenigen unserer Landsleute trennten, die Verwandte oder ihre Wohnung in der Nähe hatten. Je weiter wir mit verringerter Geschwindigkeit auf der großen Bahnstrecke nach dem Süden fuhren, um so zahlreicher wurden die Leute an den Fenstern der Häuser. Sie schwenkten ihre Taschentücher und riefen uns zu: »Es ist zu Ende! Es ist zu Ende!« Die Freude, die ihnen das Ende der Feindseligkeiten bereitete, trug den Sieg davon über das brennende Leid der Niederlage.

Am 16. Juni erreichten wir das Ziel der Reise, Bordeaux, wo ich die Regierung und den Außenminister treffen sollte, um ihnen meine Dienste zur Verfügung zu stellen. Die Bedingungen des Waffenstillstandes waren soeben angefordert worden. Eine unbeschreibliche Unordnung und Verwirrung herrschten in der Stadt. Es gelang mir, mich bei Marschall Pétain, dem Chef der Regierung, anmelden zu lassen. Er empfing mich sofort. Ich erstattete ihm Bericht über die letzten Tage einer Mission, die mit dem Kriegseintritt Italiens ihr Ende gefunden hatte. Er dankte mir und sprach jenen Satz, der mir seine spätere Haltung erklären und verständlich machen sollte: »Was mich angeht, so habe ich mir geschworen, niemals den Boden des Vaterlandes zu verlassen.«

»Sie werden, Herr Marschall«, antwortete ich, »sicherlich Geiseln stellen müssen. Ich stehe zu Ihrer Verfügung.«

☆

Es ist nicht meine Absicht, nun, da dieser Bericht zu Ende geht, beim Leser den Eindruck zu erwecken, daß ich von meinem verwirrenden und gelegentlich auch recht schmerzvollen Aufenthalt an den Ufern des Tibers als Erinnerung nur Ressentiment und Bitterkeit bewahrte und mir daran läge, diese Gefühle hier mitzuteilen. Meine Absicht war genau die gegenteilige. Ich hege keinen Groll gegen Italien. Die Ereignisse, die ich aufgezeichnet habe, gehören der Geschichte an. Ich habe durch mein Zeugnis dazu beitragen wollen, diese Geschichte in voller Klarheit darzustellen.

Ich bin nach wie vor davon überzeugt, daß Mussolini, als er die Waffen gegen uns ergriff, seinem Volk Gewalt antat. Er hat es teuer bezahlen müssen. In meinen Unterredungen mit Ciano habe ich oft das Wort zitiert – sogar noch bei unserem letzten Zusammentreffen –: ›Wer von Hitler ißt, stirbt daran!‹ Er

hatte von ihm gegessen, und mehr als er gewollt hatte,
und gegen seinen Willen. Er ist daran zugrunde ge-
gangen. Das ist einer von den Gründen, sein Anden-
ken nicht zu belasten.

Ciano nimmt einen bedeutenden Platz auf den vor-
angehenden Seiten ein. Er war in der Tat der Mittel-
punkt, der Angelpunkt, um den die diplomatischen
Bemühungen in Rom kreisten. Bin ich ihm gegenüber
zu nachsichtig gewesen? Habe ich mich über ihn getäuscht oder mich von ihm täuschen lassen? Ich glaube
nicht. Er hat in mir nach und nach eine echte Sympathie geweckt. Sie hat sich in ein tiefes Mitleid ver-
wandelt, als ich die schrecklichen Umstände seiner
Verurteilung und Hinrichtung erfuhr.

Es ist mir nicht unbekannt, daß zu dem Zeitpunkt,
als der Führer und der Duce miteinander die Bedingungen des von Frankreich erbetenen Waffenstillstandes besprachen, Ciano zu jenen gehörte, die
bei der Aufteilung unseres Landes am heftigsten nach
einem großen Brocken verlangten. Er verleugnete also
nicht jenen Realismus und Zynismus, aus dem die
Faschisten genau wie die Nazi ihren Ruhm herleiten
wollten. Aber er war im Grunde gut und empfindsam.
Was ihn von den Nazi trennte, war ihre Bruta-
lität, ihre Grausamkeit, die Kaltblütigkeit, mit der
sie ihre Untaten vorbereiteten und ausführten, ohne
sich von irgendwelchen Skrupeln aufhalten zu lassen.
Angesichts ihrer Ansprüche, ihrer Haltung, die auf
Intrige, Lüge und Gewalt begründet war, auch der

Verachtung, mit der sie die Italiener als ›Sklaven‹ behandelten, waren seine Reaktionen gesünder und ehrenwerter als die Mussolinis, der von ihrer Seite alles hinnahm.

Deshalb beschuldigte Ciano in den bewegenden Seiten, die er kurz vor seiner Hinrichtung geschrieben hat, seinen Schwiegervater der Feigheit. Der Konflikt, in den er später mit dem Duce geriet, kündigte sich schon in den Unterredungen an, die wir miteinander hatten, obwohl er sich alle Mühe gab, Meinungsverschiedenheiten sorgfältig zu verbergen. Er war niemals für den Kriegseintritt Italiens. England und Frankreich waren in seinen Augen immer das Lager der Zivilisierten, die ihm näherstanden als die Nazi. Er hatte immer gefürchtet, der Krieg gegen diese alten Mächte könnte lang sein und schlecht ausgehen. Bezeichnend in dieser Hinsicht ist eine Eintragung in seinem ›Tagebuch‹ am Tage der Kriegserklärung: ›Ich bin traurig, sehr traurig. Das Abenteuer beginnt. Gott möge Italien schützen!‹

Sein Blick hat weiter gesehen, und er hat mehr Vorahnung und Klarsicht bewiesen als der Duce. Er war auch, das darf man sagen, der bessere Patriot. Denn die Liebe, die er für sein Vaterland hegte, war dem Interesse für seine Person übergeordnet, während Mussolini wie die meisten Diktatoren stets seine Person mit seinem Land verwechselt hat.

☆

Der französisch-italienische Krieg war, so kurz er auch gedauert hat, ein Bruderkrieg. Sicher sind unsere Streitigkeiten mit Italien nicht ganz selten. Sie können gelegentlich auch laut und leidenschaftlich ausgetragen werden. Aber sie haben nichts grundlegend Schwerwiegendes. Es sind Streitigkeiten unter Verwandten, unter lateinischen Vettern. Daß sie in einen richtigen Krieg ausarten, ist in meinen Augen eine Art Sakrileg. Wir wollen an diesen letzten Krieg nur denken, um uns zu schwören, daß eine solche Episode sich niemals wiederholen wird. Und wir Franzosen wollen nicht vergessen, daß unsere Haltung Italien gegenüber nicht frei von Fehlern gewesen ist.

Der Sieg von 1945, zu dem der italienische ›Widerstand‹ beitrug, hat eine Zivilisation bewahrt, deren Schöpfer und wichtigste Pfeiler Italien und Frankreich sind. Diese lateinische Zivilisation ist heute mehr noch als gestern schwer bedroht. Seien wir also eng mit dem Abendland verbunden, um sie zu verteidigen!

Die Regierungen von Paris und Rom haben sich auf den Weg einer heilsameren Politik begeben, die beide im Herzen eines organisierten Europas einander näher bringt und sich nach der Vergangenheit nur umblicken wird, um daraus Lehren zu ziehen, dazu angetan, sie auf den Weg zu einer besseren Zukunft zu führen, einer Zukunft, die ihrer tiefsten Sehnsucht entspricht.

Wir wollen sie dabei mit unserer ganzen Überzeugung und mit allen unseren Kräften unterstützen.

Denn das ist eine Pflicht, die uns nicht nur von einer menschlichen und erhabenen Weisheit auferlegt wird, sondern die allein auch im Interesse unserer beiden Länder wie im Interesse des gesamten Abendlandes liegt.

NAMENVERZEICHNIS

André François-Poncet

BOTSCHAFTER IN ROM
1938–1940

Im Anschluß an seine Berliner Mission ging
der Französische Botschafter 1938 nach Rom.
›Man hat sich gewundert‹, schreibt er, ›daß ich
zu einer Zeit, da ich Autorität in der Reichshauptstadt und sogar einen gewissen Einfluß
auf die Person Adolf Hitlers gewonnen hatte,
von meinem Posten in Deutschland abberufen
und zum Botschafter in Italien ernannt wurde.
Diese Versetzung habe ich selbst gesucht. Ich
war müde des Dritten Reiches.‹
Er hatte den Eindruck gewonnen – besonders
während der Münchner Verhandlungen –,
daß nur noch Mussolini einen Einfluß auf den
›Führer‹ ausüben könne, und leitete daraus
die Hoffnung ab, daß es ihm als Französi-
schem Botschafter gelingen werde, auf dem
Umwege über die Einwirkung des ›Duce‹ die
unheilvollste politische Entwicklung noch
aufzuhalten.
Diese interessanten und lebendig gezeichne-
ten Erinnerungen, erst 1961 in Paris erschienen, Erinnerungen aus der letzten Zeit vor
der Katastrophe, geben ein aufschlußreiches
Bild des Verhaltens der römischen Gesellschaft, der Einstellung der führenden italienischen Kreise und des ›Duce‹ selbst und
schließlich ein vorzügliches Porträt des eigent-
lichen Gesprächspartners, des italienischen
Außenministers Graf Ciano.